CREADORES

JERÓNIMO CIAPPARELLI

CREADORES
DE LA DEPENDENCIA LABORAL
A LA AUTORREALIZACIÓN

(contado en primera persona)

Ciapparelli, Jerónimo

Creadores : de la dependencia laboral a la autorrealizacion / Jerónimo Ciapparelli. - 1a ed - Berazategui : libella, 2024.

124 p. ; 21 x 15 cm.

ISBN 9798326299109

1. Desarrollo Personal. I. Título.
CDD 158.1

Editado en 2024 por Ediciones Libella
Editora Natalia Alterman
www.libellaediciones.com.ar
natalia@naediciones.com.ar

Diseño de tapa: Julieta Ramirez Borga
Diseño de interior: Marco Javier Lio
Impreso en Argentina
Queda hecho el depósito que marca la ley 11.723.

Esta publicación no puede ser reproducida, en todo ni en partes, ni registrada en o transmitida por un sistema de recuperación de información, en ninguna forma ni ningún medio, sea mecánico, fotoquímico, electrónico, magnético, por fotocopia o cualquier otro, sin el permiso previo por escrito del autor.

A Bauti y a Delfi.

ÍNDICE

Nota al lector	11
Capítulo 1. ¡Cómo olvidar esto!	15
Capítulo 2. No sabía cómo explicarlo	25
Capítulo 3. 7x24 (A fondo)	35
Capítulo 4. Las cosas pasan para vos	43
Capítulo 5. Hacelo antes de que sea perfecto	57
Capítulo 6. Tu experiencia como creador	67
Capítulo 7. Los juegos del miedo	79
Capítulo 8. ¡Dale, vamos!	91
Capítulo 9. Casi como perder con Arabia el primer partido del Mundial	103
Capítulo 10. El camino de lo incierto	113
Epílogo	123

NOTA AL LECTOR

Para escribir este libro realicé entrevistas a diferentes personas que han logrado aquello que se propusieron. Son los que adquirieron una *Mentalidad de creadores*. El 100 % coincide en que, si no sabés qué querés o qué es lo tuyo (en otras palabras), es difícil que te comprometas de verdad, a menos que te guste "acatar" órdenes de otros.

Antes de seguir leyendo, sacate todo juicio de valor acerca de este tipo de libros. Esta es mi propia experiencia y te la quiero compartir, para alentarte a que vos hagas la tuya.

J. C.

Un agradecimiento especial a las siguientes personas que me brindaron tiempo valioso para realizar entrevistas con ellos:

Verónica Franco
Osvaldo Lopez
Eduardo Martinez
Fernando Hindi
Valeria Kechichian
Claudio Destefano
Martín Alaimo
Mario Pergolini
Javier Bardauil
Lucas Martino
Sol Vazquez
Pablo Vazquez Kunz
Grace Hussain
Diego De Bella
Claudia Fishman
Patricio Alvares Casado
Hernán Pisotti
Christian Bochichio
Daniel Elhelou
Agostina Chimento
Federico Figari
Gabriel Weinstein
Roxana Kahale
Mario Sebastiani

CAPÍTULO 1
¡CÓMO OLVIDAR ESTO!

> "Siempre es más fácil saber lo que no querés, pero no podés estar todo el tiempo diciendo que no".
>
> Jerónimo Ciapparelli

Hubo un día en el que pude ver con exactitud el hecho que cambió mi vida profesional. Luego de pensarlo mucho, darle vueltas, analizar, poner en la balanza los pro y contras, y varias noches de desvelo, tomé una decisión que me cambió para siempre. No fue para nada fácil, pero para mí fue la elección más acertada, la que me hizo FELIZ y, por primera vez, me sentí pleno a nivel personal y profesional. Dejé la vida corporativa para dedicarme a construir una nueva profesión desde cero. Mi propia marca.

No sé muy bien cómo definirlo. En ese momento, mi prioridad era influir en los demás, acompañar a los otros a transitar el cambio personal, mientras yo mismo construía el mío de forma super acelerada.

Fueron muchos años los que me dediqué a trabajar para otros, y los últimos no fueron nada saludables para mí. Tuve miedos, tensiones, mix de sensaciones entre no estar a la altura, sentirme un niño rogando por entendimiento; sentí también dependencia del poder de turno y hasta llegué a no considerarme querido por las personas y el lugar al que tantas horas de mi vida dedicaba.

Dicen que después de la tormenta sale el sol y que no hay mal que dure mil años… Podría seguir, aunque suene a cliché. El malestar que sentía me ayudó a juntar valor, coraje y a decir *basta*. Todo lo que quería para mi vida estaba muy lejos de la incomodidad y de la carga que me provocaban aquellos lugares a los que no pertenecía. Tampoco quería para mí la energía negativa que se respiraba y las caras largas o reproches constantes. Yo quería otra cosa que estaba muy lejos de ese encierro y opresión que sentía todos los días y hasta afectaba mi vida personal.

Pero esa mezcla de sensaciones no era tan fuerte como la ansiedad y certeza que tenía sobre lo que deseaba. Solo confiaba en mí y eso "solo" (que no es poco) hizo que tomara coraje para lanzarme al mundo independiente, armar lo mío, hacer algo parecido a lo que había leído y visto alguna vez de Tony Robbins, y otros a los que durante tantos años admiré.

Recuerdo el día en que tomé la decisión, ¡cómo olvidarlo! No fue un día más, fue *el día*. Para mí hay un antes y un después de aquel octubre de 2011. Tampoco fue de un día para el otro, lo pensé mucho, me imaginé miles de escenarios posibles y siempre llegaba a la misma conclusión: yo puedo, yo quiero, yo me lo merezco, ¿y por qué no?

En el instante en que tuve que expresárselo a mis jefes de ese entonces, tenía una adrenalina terrible, una mezcla de miedo y vergüenza (no sabía por qué) pero, en definitiva, y lo más importante, era que tenía la certeza de que era el momento de asumir lo que me pasaba. Luego de aquella conversación en la que fui todo lo sincero y honesto que pude, logré plantearles lo que me sucedía y quería (aclaro: lo que yo quería era retirarme definitivamente de la empresa llegando a un acuerdo económico). No podía estar más entusiasmado por lo que venía, que si bien no sabía con exactitud qué era, me hacía sentir feliz (y orgulloso).

Eso sí, no tenía idea de que ese acuerdo duraría tan solo seis meses y que iba a ser un período de los más difíciles en mi vida. No me imaginaba que podía llegar a haber personas que, de la noche a la mañana, se convertirían en mis peores obstáculos, cuando hacía unos pocos días atrás eran mi "círculo rojo", para llamarlo de alguna manera.

Insultos, reuniones exageradamente manipuladoras, uso del poder desmesurado y hasta amenazas, fueron algunas de las cosas que ese tiempo me causó. Hasta que un día, llegó lo que buscaba: el acuerdo de salida. ¿Suerte?, ¿contactos?, ¿un Dios aparte?, podés explicártelo como quieras; lo importante, es que tenía la convicción de lo que quería y no había nada ni nadie que pudiera contradecir eso. Esa certeza no era solo mental, había una coherencia increíble entre el sentir, el pensar y el hacer.

Allí comprendí -y por eso hoy puedo compartir mi enseñanza personal- que cuando tenés certeza de lo que querés, aprendés a hablar, sabés decir que no, tomás decisiones que tienen que ver con vos, me atrevo a decirte que te transformás en imparable hasta que dejes que el próximo miedo te detenga.

Entonces, lo importante es tener **claridad de tus deseos**, saber lo que querés y trabajar en pos de lograrlo. Es probable que no cuentes con un detalle preciso ni la planificación exacta de cada movimiento necesario para alcanzar la meta. Pero sí, es fundamental saber qué querés y qué no querés para tu vida.

De acuerdo con mi recorrido, a la hora de emprender un cambio tan trascendental, es clave:

- Asumir qué te pasa y tomar la decisión, perseguir tu deseo. No hay libro, ni curso, ni profesional que

lo haga por vos. Todo sirve, pero debés comprender que la decisión es exclusivamente tuya.
- Confiar cada vez más en vos. Seguramente, luego de tomar la decisión, aparezcan nuevas oportunidades que tengan que ver con lo que ya no querés y con mejores beneficios. Si no desarrollás confianza en vos, independientemente de que no lo estés viendo en este preciso momento, es muy difícil que puedas gestionar lo desconocido.
- Experimentar cosas nuevas para ir probando y ajustando hasta que estés cada vez más cerca de tu deseo. Posiblemente, no encuentres aquello que buscás de inmediato; es por eso que te recomiendo que te desafíes a probar experiencias nuevas para que vayas eligiendo lo que te gusta y lo que no.

¿Hay algo novedoso que pueda decirte acerca del cambio? El cambio es biológico y natural, solo sucede. Implica dolor, porque la transformación implica dolor y así también el crecimiento. En este proceso, es fundamental que al esfuerzo "consciente" lo hagas a partir de lo que asociamos sobre el dolor (lo que te da miedo). Ahí está la clave para el progreso propio en todo lo que te propongas hacer.

Las circunstancias no son como las vemos, son una creación relacionada a nuestras creencias. Podemos

modificar nuestra creación, comprendiendo qué es lo que creemos acerca de ello. Cuando cambia nuestra mirada, las circunstancias también.

Por eso, si querés cambiar de profesión, de área, de trabajo o inclusive decirle basta a algo que ya no va más con vos, el miedo, la incertidumbre y el rechazo serán parte del proceso de transformación. De acuerdo a cómo gestiones esas emociones, serán pasajeras o perdurarán para siempre. Entonces, tu tarea es presupuestar que en ese camino habrá emociones de todo tipo, lo importante es que no habiten en vos para el resto de tu vida. Es decir: animate a todo.

Me da la sensación de que, en general, a las personas no nos gusta cambiar. Desde hace algunos años que investigo el porqué, y si tengo que explicar el motivo en pocas palabras, diría que es por nuestra forma de pensar, nuestras construcciones de la realidad (o construcciones mentales). **¿Creés que podés crear algo que hoy no existe, sin depender de nada para poder hacerlo?** Tus respuestas podrían ser varias, pero te cuento que la respuesta es sí. Tan solo es empezar a descubrir y entrenar un nuevo lenguaje (distinto a la razón) llamado intuición; y, por otro lado, aferrarse al sentimiento genuino de lo que soñás. De esta manera, tu mentalidad va a empezar a observar (y cada vez más de forma automática), situaciones para poder transformarlas, para ir manifestando aquello que de verdad querés que suceda para vos.

¿Imaginas cuáles son los beneficios que surgen de esta mentalidad?

No te pido que estés de acuerdo, tan solo te propongo que antes de reaccionar sobre cualquier cosa que no te guste del afuera (circunstancias, situaciones), revises primero qué es aquello que creés y cómo repercute en vos.

Uno de los pensamientos claves que te quiero compartir, surge de la entrevista a **Mario Pergolini,** quien es de la idea de que, hoy en día, nada te garantiza el éxito y que, en este momento, las cosas están dadas para que podamos probar. Por eso, es mejor intentar con aquellas cosas que te hacen feliz y para las que creés que estás preparado. **Es un gran momento para equivocarnos.** No hay seguridades. En sus propias palabras: "En la cima de la montaña estás muy poco tiempo, después estás en valles toda la vida surfeándola", asegura Mario. Algo que también quiero rescatar de él es que cree firmemente en los equipos: "Cuando tenés que hacer algo, no hay forma de hacerlo solo. NO HAY FORMA", y su aprendizaje estuvo en confiar en quien delegaba, con autonomía para tomar decisiones.

Mario Sebastiani, médico obstetra, elige llamarlo "vivir en red", sacarle provecho, porque todos nos necesitamos. "O le ponés el acelerador a lo que te gusta y encontrás tu nicho, y de esa manera crecés en tu especialidad, o te distraés en tratar de abarcar todas las especialidades y tus esfuerzos se verán limitados. No podés abarcar todo", concluye.

Quiero rescatar una gran enseñanza del doctor (y amigo personal) Sebastiani: **"Tenemos que buscar el erotismo (encanto) en todo lo que hacemos y hacerlo con pasión y sacrificio".**

No importa que al principio no sepas el detalle en profundidad, pero sí qué es aquello que querés. Cuanta más claridad tengas, más información le das a tu cerebro para que cree las oportunidades y las puedas descubrir.

CAPÍTULO 2
NO SABÍA CÓMO EXPLICARLO

> "Existe un aviso. Ese aviso es la intuición. Y la intuición es un nuevo lenguaje que debemos integrar".
>
> Jerónimo Ciapparelli

Soy consciente de que cambiar no es tan simple. Es verdad que el **análisis previo** a realizar un cambio puede ser de gran ayuda para tomar decisiones. Es verdad que **razonar y reflexionar sobre el contexto del país** en el cual vivís, también es un factor importante a la hora de evaluar nuestro rumbo. Y es igual de cierto que siempre antes de dar un gran paso en nuestras vidas, tener en cuenta (o evaluar) un ingreso fijo o al menos estable nos brindará oxígeno mental para no rendirnos rápido. Dicho esto, planteado así no es más que sentido común. Pero si lo razonamos, nos damos cuenta de que, en nuestras vidas, estamos acostumbrados a buscar en todo lo que hacemos aquello que nos brinde "seguridad". A mí me gustaría decirle **supervivencia**.

Supervivencia, no por el hecho de hacer la heroica y que no importe nada de nada, sobre todo cuando tus ingresos hacen al buen progreso de tu familia. Supervivencia, porque la decisión de cambio no debe estar basada en el análisis, sino en tu intuición. En otras palabras, no debería estar basada en el análisis del sentido común.

"Cuando tenga, podré", "cuando cambie el Gobierno, entonces voy a hacerlo", "hasta no equiparar el mismo ingreso, no suelto". No quiero decir que estas reflexiones sean negativas, para nada, pero sí que tienen que ver con racionalizar las cosas, y esas cosas que racionalizamos, están generalmente analizadas dentro de un marco de control. Se hace sobre lo que conocemos. Ponderamos, proyectamos, estimamos, pero siempre, de nuevo, dentro de un marco de referencia conocido.

No sabés lo que hay en el espacio que muchos le dicen la **zona mágica**, la zona fuera de la zona de confort o el universo. Hay un mundo con información nueva para vos. Hay oportunidades increíbles, así como también nuevas amenazas, obvio, pero siempre con la certeza interna guiada por la **intuición**, de que sabremos responder de alguna manera. La intuición va más allá de una opinión o un pensamiento, es más profunda, está conectada con lo que es correcto para vos. Es un aviso y ese aviso es la nueva información que debés integrar.

Con esto no estoy diciendo que te estrelles contra una pared. Más bien que, en lugar de analizar si te conviene o no, o esperar a que algo se modifique, solo consideres que a partir del momento en que tomás decisiones basadas en tu intuición, aparece lo que a mí me gusta llamar: la **mentalidad de creador**. Es la que atrae a sus ideas esas experiencias que desea y que, con determinación, tiempo y esfuerzo, logrará manifestarlo en su vida.

Cuando hablé con mis jefes, aquel día histórico para mí, fue porque ya tenía tomada la decisión de hacer un cambio, de dar un gran paso. Y como te conté en el capítulo anterior, ese cambio fue lo que me generó mayor felicidad, tanto en mi vida personal como profesional. Pero hubo algo, como una potencia interna, que en ese momento no sabía cómo explicar y era algo más allá de la fuerza de voluntad, la determinación y la convicción de lo que quería, más profundo, y que lo englobaba todo. En ese momento, no lo comprendía muy bien, solo sentía que había una guía o un hilo conductor que me decía con mucha convicción: "es esto". Con el tiempo, comprendí que esa guía era mi **intuición**.

Lejos de querer mostrar una actitud que pueda parecer solo valiente, en donde muchos conocidos y amigos me decían: ¡esperá un poco hasta que consigas algo! ¡No es el momento! ¡Seguro más adelante, cuando el país esté más estable! ¡Lo podés hacer como un extra, no pierdas tu ingreso fijo! Etc., etc. Sin embargo, yo seguí mi intuición. Claro está que, para escucharla, tuve que estar atento a ella.

En esos seis meses fatídicos, entre octubre de 2011 y marzo de 2012, estaba convencido de haber hecho lo correcto, de haber seguido mi intuición. Eso fue precisamente lo que me ayudó a no dudar ni un instante. Igual, no todo era color de rosa, los malos momentos me hacían pensar demasiado, el sentido común me decía: "si no te gusta o no es lo tuyo, renunciá y listo", y mientras deambulaba por ese estado de ánimo, me cruzaba con personas que me decían exactamente lo mismo.

Pero cuando volvía la calma, sabía que estaba haciendo lo adecuado. Es más, en ese ínterin de seis meses, un director muy importante de esa empresa me ofreció el cargo de gerente de Logística. Ante semejante oferta, mi primer instinto, desde mi razón, fue la seducción de todo lo que ello implicaba: viajes, bono, un ingreso mucho mayor, un equipo internacional, así como también más reuniones, más horas dedicadas al trabajo y todo aquello que ya no quería. En mi intimidad, y en conversaciones con mi pareja de ese momento, llegaba a la misma conclusión: "no sé cómo explicarlo, pero lo que quiero y tengo que hacer, tiene relación con mí crecimiento personal". Y lo sentía cada vez con mayor intensidad.

Luego de un tiempo, entendí que **la intuición fue mí guía** y me acompañó en todo momento; cuando tomé la decisión, y mucho antes también, aunque sin haberla identificado. **La determinación fue un plus** que me ayudó a avanzar y me dio confianza para seguir adelante, más allá de los momentos de confusión. **Intuición sin determinación y conducta** (en el sentido de fuerza de voluntad) **no alcanza.**

Por eso, hoy entiendo, que se trata de **un lenguaje distinto a la razón**. Siempre fuimos seteados o programados desde la razón, por eso es tan difícil escuchar a la intuición, o esa voz interior que llega con avisos claros, pero como somos seres tan complejos, no nos animamos a seguir.

Si buscamos la **palabra intuición** en el diccionario dice: "Habilidad para conocer, comprender o percibir algo de manera clara e inmediata, sin la intervención de la razón".

Entonces, la intuición es un lenguaje que, si lo escuchamos cada vez más, podemos ser seres íntegros, auténticos y, sobre todo, podemos anticipar y prevenir cualquier situación, aunque no sea el camino más fácil. Siempre hay un aviso previo que tenemos que entrenar para darle identidad.

En mi caso, la intuición me dio el aviso de lo que era, pero nunca me dijo cómo y cuándo sería. Todo lo demás fue gracias a mi propia fuerza de voluntad y determinación. Esa determinación que tiene coherencia con el sentir y conecta con los sentidos sin que veas nada, tan solo creyendo que lo que es, es y se manifestará mientras progreses en tu búsqueda.

Entendí que la intuición tenía y tiene que ver con el camino correcto, no con el resultado inmediato ni la gratificación consiguiente. Es por eso que **es un lenguaje** al que, como seres humanos, **debemos aprender e integrarlo con el lenguaje de la razón**. Escuchamos el aviso de lo que es correcto para nosotros, y luego, con nuestra razón, podremos darle forma.

Hoy en día me encuentro con conocidos, alumnos y amigos que me dicen: "¡por qué no habré hecho lo que sentía! ¡Me la veía venir! ¡Yo sabía que iba a pasar!". ¿Te resuena?, ¿te hace sentido? Seguramente, mil veces te dijiste esto o algo muy similar. El aviso es el **primer pensamiento** que nos aparece frente a cualquier situación, y se presenta **con certeza**. Podemos aprender del error, y también podemos prevenirlos y anticipar situaciones.

¿Cómo surgen los avisos? ¿Surgen en todo momento?, ¿me puede llegar a pasar de no reconocer el aviso? De acuerdo con lo que fui descubriendo (y aún sigo), por lo general, esos avisos están relacionados con lo que vos tenés en mente todo el tiempo. Tal vez sobre tu profesión, o mismo sobre tus relaciones, con el dinero, con sacar o no el celular en la calle, con decir que sí o que no en alguna situación, **el aviso siempre es sobre el camino correcto de lo que hay que hacer para vos.**

¿Cómo **hacés para empezar a escuchar el aviso?** Es importante hacerte preguntas sobre aquello que te aqueja y registrar la primera sensación. No analices, no pienses si está bien o mal, solo registrá (tal vez podés anotarlo) y después fíjate qué sucede emocionalmente en vos, en caso de actuar en coherencia con ese aviso o no.

En las tantas entrevistas que realicé con los **CREADORES** (para escribir este libro), muchos de ellos hablan de la intuición como el pilar fundamental de su progreso en su vida/profesión. Es más, la mayoría la eligen y hasta la naturalizan.

Entonces, es clave escuchar si tenés un aviso sobre tus deseos. Por ejemplo: "sí", "no", "cuidate", "protegete", "es esto", "alejate", etc." Jamás te dirá: "sí, hacelo, pero preguntale cuándo se va a dar", "Cuidate, pero en zonas luminosas hablá por teléfono tranquilo en la calle". **La intuición avisa, vos debés escuchar.** Hacete preguntas concretas y empezá a registrar tus primeras sensaciones certeras. No te asustes, ni te castigues, ni te apures.

Cuando ya asumiste que un cambio en tu vida profesional y/o personal se avecina, **seguí estos pasos:**

1. Preguntate si la forma de lo que querés hacer es correcta.
2. Registrá tu primer sentimiento.
3. Asumí ese aviso como propio.
4. Encontrá una forma o estrategia que tenga que ver con vos y esté relacionada con ese aviso.

Jamás un aviso se manifiesta en formato pregunta. Por ejemplo: "¿estás seguro de que querés eso? ¿No te convendría otra cosa? ¡Mirá que, si decís que no, después no hay otra oportunidad, eh!" Ese tipo de manifestaciones son de la razón, atadas a una emoción que, seguramente, tiene que ver con el miedo.

Así lo plasma **Verónica Martínez Castro**, abogada, artista, creativa, y pasional: **"Todo lo que sale de mí es 80 % intuitivo. La intuición es parte de mí en todo lo**

que hago". Agrega: "Hoy en día está de moda hablar de la pasión, pero antes de hablar de ella, hay que hablar de la **unicidad**. Cada persona es única. Lo que yo tengo que no tienen otros, tengo que compartirlo. Lo que tenés para dar, solo lo tenés vos".

En tanto, **Daniel Elhelou, Speaker & Director de Dar Comienzo**, comparte algunos **principios claves para el crecimiento** de cada uno de nosotros en cualquier área: "Primero tenés que preguntarte **qué querés** (tener claridad); segundo, **ser vos mismo** con tus valores y principios. Somos únicos e irrepetibles; y, sobre todo, **contarte historias de posibilidad. Tener la intención de lograr tus sueños**. Todo lo que está a mi alcance lo voy a hacer para lograr lo que quiero. Hay que estar atentos a las distracciones que hacen que no logremos nuestras metas. Si no sabés qué querés, perdés energía".

¿Hay algo que sentiste con certeza y por analizarlo actuaste de una manera distinta?

CAPÍTULO 3
7X24 (A FONDO)

> "Cuando quiero algo, hago lo imposible hasta lograrlo. Estoy en cuerpo y mente 7x24 con mi profesión, que es lo que me apasiona".
>
> Federico Figari (WC Taekwon-Do ITF)

Cuando decidí dedicarme al mundo independiente, no tuve ninguna duda. Esto no quiere decir que me quedaría sentado esperando que las oportunidades y nuevas experiencias llegaran a mí, sino que tenía una certeza tan fuerte (y la sigo teniendo) que **mi foco y compromiso** estaban puestos en crear, generar y vivenciar nuevas cosas. Como si fuera una obsesión por lo que me apasiona y gusta. La Real Academia Española lo define así:

obsesión

Del lat. *obsessio, -ōnis* 'asedio'.

1. f. Perturbación anímica producida por una idea fija.
2. f. Idea fija o recurrente que condiciona una determinada actitud.

Si hablamos de **perturbación anímica**, te digo que sí, es un salir todo el tiempo de tu zona cómoda o "segura" buscando experimentar y encontrar nuevos destinos. Es un no quedarse quieto, es indagar y perseguir un deseo. Y si nos referimos a la segunda definición: "**idea fija**" que condiciona una determinada actitud, esa es la certeza. Claro que existen obstáculos, algunos más grandes que otros. Es por ello por lo que me gusta llamarlo obsesión, porque es desde tus entrañas que sentís esa pasión, sale de los poros y hasta lo respiramos 7x24 y los 365 días del año.

Para mí no es un trabajo, o al menos aquello que se entiende como una dependencia y en beneficio de otros. Desde el momento en que tomé la decisión, empecé a trabajar para mí, acompañando y facilitando el trabajo de otros y, al mismo tiempo, el mío. Muchas veces me pasa que cuando me encuentro con alguien y me pregunta: "¿Y el laburo cómo anda?", respondo en automático: "Bien, muy bien, excelente", pero por dentro siento la necesidad de querer explicar todo el tiempo que lo que hago no tiene que ver con trabajar. Es algo que ya es parte de mi esencia, tiene que ver con quien soy y no solo con lo que hago y cómo lo hago.

Durante los primeros días y meses posteriores a dejar mi trabajo (en relación de dependencia), un mundo nuevo comenzó. Puedo definirlo como "un mundo inmenso y lleno de incertidumbre", pero no incertidumbre sobre lo que haría sino del cómo se manifestaría lo que quería. Ese cambio de paradigma me ayudó muchísimo en el progreso de mi profesión y crecimiento personal. Existe una certeza que es mucho más grande que cualquier obstáculo, y si bien la coyuntura puede ser dificultosa, esa certeza siempre te permite moverte con astucia.

En los tantos libros que leí y personas que entrevisté, **la palabra perseverancia es el común denominador**. Cuando leés esa palabra, la podés entender, pero si no te enfrentás a las situaciones reales y no las vivenciás, es difícil que puedas sentir cómo funciona realmente. Como decía, después de tomar una de las decisiones más importantes, comenzó un mundo nuevo en mi vida. Estudiaba, me formaba, hacía prácticas de *coaching ad honorem* y hasta dedicaba algunas horas por semana a la consultoría en donde mezclaba todo lo que me gustaba de lo que quería hacer con lenguaje corporativo. No tenía feriados ni vacaciones. Comenzaba muy temprano a la mañana y siempre terminaba después de hora. Estaba inmerso y enfocado al 100% en lograr lo que tanto deseaba. Además, tenía que empezar a hacer que los ingresos empezaran a aparecer y seguía obsesionado con darle forma visual a lo que quería. Lo más importante era no quedarme quieto, continuar mi camino y perseguir mi deseo.

¿Sabes qué es lo que más valoro de aquellos días y cómo lo relaciono con la perseverancia? Hubo tres veces que dije no a ofrecimientos muy buenos, demasiado tentadores, pero que no tenían que ver con mi meta, con aquella visión de lo que quería. Mientras planeaba posibles formas de manifestar lo que deseaba, mi verdadero objetivo, dentro del conocimiento que tenía en ese momento, surgieron tres ofrecimientos de distintas empresas para volver al mundo corporativo. Estos llamados me brindaban una posición jerárquica y más del doble de mi sueldo anterior. ¿Vos pensás que no era tentador? Claro que sí, de hecho, en dos de ellos continué en las entrevistas, un poco por curiosidad y también por culpa o temor a arrepentirme.

Con el diario del lunes, y ya avanzado en mi carrera, te digo que a veces te quedan resabios de comodidad inconsciente que muchas veces, condicionan tu conducta. Entonces es, en este tipo de momentos, donde quien debe mandar es la intuición y en ninguna circunstancia la razón; es decir, dejarnos dominar por la mente. Por supuesto, esto es posible cuando tenemos en claro qué es aquello que deseamos verdaderamente.

Muchas veces podemos leer frases, o entender conceptos que algunos libros nos dejan sobre lo que hay que creer para después vivenciar. **El destino propio se forja por las decisiones que tomamos**, y una de esas decisiones es confiar, sostener, darle tiempo o como quieras decirle, a lo que realmente querés.

Cualquier pensamiento de sentido común, como por ejemplo: "Le digo que sí a esta empresa, mientras construyo lo mío", es peligroso; es más, te diría que es mentiroso. Tu energía va a estar puesta en el lugar equivocado y no donde tiene que estar. Por eso, cuando te encontrás con este tipo de situaciones, o desvíos, el decir que no, te deja en un estado de incertidumbre plena que, a su vez, es el impulso para acelerar tu progreso.

Es ahora cuando una nueva mentalidad (forma de pensar o entender la vida) empieza a tomar mayor preponderancia. En donde al error o a las malas decisiones los entendés como parte de tu crecimiento y en ninguna circunstancia representan un castigo o una limitación. Nunca debemos subestimar nuestro camino. Más bien, la construcción de nuestra nueva forma de pensar es la llave a un mundo desconocido que posiblemente no estaba dentro de tus "expectativas" de realización.

Solo las grandes pasiones te elevan a dimensiones desconocidas, aquellas que sentís con anticipación.

Diego De Bella, excampeón argentino de Squash, psicólogo organizacional y emprendedor, comparte algunas claves que, considera, aplican tanto al deporte como a cualquier área de tu vida, y ellas son:

- **Tener claridad en lo que querés.** Tener un objetivo. Si no hay claridad, estaremos deambulando, esperando el golpe de suerte.
- **Ser disciplinados.** Poner el foco en todo que hagamos.
- **Mantenerse firme durante todo el proceso**, para saber responder a cualquier acontecimiento.

- **No creértela jamás,** pero sí creer en vos.
- **Dedicación.** Horas con el compromiso puesto en lo que querés.

Federico Figari, Campeón Mundial de Taekwondo y entrenador de la Selección, coincide en la mayoría de los pilares que mencionó Diego: **claridad, dejarlo todo, esfuerzo y pasión.** Por sobre, todo para él, **la clave del éxito está en la perseverancia**, más allá de los obstáculos que se nos presenten. En sus propias palabras: "Cuando quiero algo, hago lo imposible hasta lograrlo. Estoy en cuerpo y mente 7x24 con mi trabajo, que es lo que me apasiona".

Federico nos comparte un ejemplo para que entendamos lo que es la perseverancia: "Peleo Mundiales desde 1993 y recién en 2018 lo conseguí. Tuve muchísimos obstáculos, pero estaba tranquilo que lo había dejado todo mientras no se me daba".

Es por ello que siempre pienso, que no es solo un tema de tener un deseo. **La magia existe, y la manifestación de todo aquello que cada uno de nosotros quiere, se logra con esfuerzo y determinación.** Este es un pilar fundamental de la mentalidad creadora.

CAPÍTULO 4
LAS COSAS PASAN PARA VOS

> "Cuando entendés profundamente cuál es el problema a resolver, es más fácil encontrar la solución".
>
> Gabriel Weinstein
> (socio y director de Olivia & Autor)

Saber decir no sé o no puedo también es de sabios y valientes. Tenemos que permitirnos no saber o no poder responder todos los interrogantes que se nos presenten. Nunca vamos a tener todas las respuestas, la vida nos va a ir demostrando y nos conducirá a ellas. Decir "no sé" abre la posibilidad del aprendizaje.

Si no sabes qué responder, quedate callado; si no te gusta lo que hacés, buscá algo que sí; si perdiste una final, trabajá el agradecimiento y la aceptación; si te fue mal en un examen, capitalizá el aprendizaje para hacerlo mejor la próxima. Si te separaste, intentá comprender el porqué y comenzá a construir una nueva historia.

Es válido equivocarnos y, muchas veces, no tener ninguna respuesta es más inteligente que responder cualquier cosa. La mayoría de las veces, damos nuestros primeros pasos en trabajos que no deseamos, pero es mucho mejor adquirir experiencia y pasar por diferentes tareas para asegurarnos que realmente queremos trabajar en lo que estudiamos y nos preparamos. Incluso, desaprobar un examen no significa que nos equivocamos de carrera, múltiples motivos pueden haber causado una mala nota, ej.: un concepto erróneo, falta de tiempo y dedicación, hasta puede suceder que el profesor tenga un mal día. Ese examen desaprobado tiene que ser un aprendizaje, una oportunidad para poder hacerlo mejor en la próxima fecha que nos presentemos.

Sumo dos situaciones más que me sucedieron, en las que pude capitalizar y supe transformar el fracaso en oportunidad. A minutos de comenzar el show, se queman los equipos de mi banda de rock. ¿Vos qué harías? ¿Suspendés el show o tocás una pandereta y cantás para el público?

Me tocaba "ser anfitrión" en la fusión de dos de los bancos de más renombre en el mundo. Llegó el momento tan deseado, iba a dar una charla muy importante en mi carrera, para la que me había preparado y que siempre había deseado. Pero ese día, a la hora de hablar en público, la charla pasó de ser un sueño a una pesadilla. No te podés imaginar las sensaciones que sentí después de dar la charla: calor, transpiración, ahogo y el deseo de desaparecer. Me sentía el peor. A partir de ese día, me propuse convertirme en un mejor orador.

A ambas experiencias, hoy las recuerdo con mucho cariño y con una sonrisa. Si me conecto con lo que sentí en aquel momento luego de esa conferencia, hasta me vuelve a dar vergüenza. Y en el caso de la banda de rock, ¿cómo podía ser que se nos hubieran quemado los equipos? En ese momento no lo podía comprender, no tenía explicación. Podía echarle la culpa a la mala suerte que teníamos; también, castigarme porque, en definitiva, teníamos equipos de mala calidad, sobre todo el mío.

A la hora de la verdad, teníamos que poner el foco en las personas que nos habían ido a ver (amigos y familia), ellos merecían que improvisáramos y saliéramos airosos de esa situación. Teníamos que poder transformar un mal momento y dar lo mejor de nosotros. No queríamos dejar sin nada a nuestros seres queridos que nos dedicaban su tiempo y se habían molestado en ir a vernos y acompañarnos.

Rescato de aquella experiencia que supimos dejar de prestar atención a lo que sucedió, no nos quedamos paralizados por el problema, y empezamos a pensar en lo que queríamos que pasara. Fue una de las actitudes que más recuerdo con cariño de aquellos tiempos y una de las enseñanzas que me sirvió para darme cuenta de que **la aceptación de lo que sucede y cómo sucede es la solución más sanadora.** Por supuesto, debemos comprender que algunas situaciones nos afectan más que otras y el proceso de aceptación puede demorar más en algunos casos, según el impacto emocional que nos produzca. El camino de aceptación, sea largo o corto, en mi caso, fue el que hoy me hace mirar aquello con una sonrisa.

Es fundamental **tener disponible la tolerancia a la frustración**, desarrollar la capacidad de **reinventarnos** y de **aprender de nuestros propios errores**. Capitalizar siempre aquello que hicimos mal, que no nos resultó o que no salió como queríamos, y lograr transformar un "mal momento" en una bendición para nuestro progreso.

Existen innumerables casos clásicos que comenzaron como fracasos y hoy día son los nombres más reconocidos del mundo. No quiero detenerme en ellos, dado que podés investigar en las redes y conocer sus historias, pero sí me gustaría hablarte de personas que fueron transformando su vida gracias a su perseverancia, y la tolerancia a la frustración. Personas que, posiblemente, tengan situaciones parecidas a las tuyas (por un tema de resguardo de privacidad, sus nombres fueron alterados). Todos ellos han trabajado conmigo y son casos reales.

1. Jorgelina, durante muchos años ocultó su preferencia sexual para no ser rechazada por sus amigos y familia. Hasta que supo capitalizar toda esa información interna de sufrimiento, logró pedir ayuda y empezar a trabajar la aceptación. Hoy es quien quiere ser, rodeada de sus afectos más queridos.

2. A Héctor lo invitaron a no formar parte de la empresa que había dirigido durante años, motivo que le causó mucho daño, tanto personal a nivel anímico, como profesional. Hoy vive de lo que realmente le apasiona y pudo resignificar la información de esa experiencia para impulsar su deseo.
3. A Javier se le dificultaba mucho consolidar una pareja estable. Siempre criticaba la mala suerte que tenía, hasta que logró entender que su patrón mental de "no sentirse querido" por su padre, le hacía buscar parejas que le hacían repetir esa experiencia. Hoy, después de un proceso de aceptación, Javier armó su familia y es feliz.
4. Daniel, desde chiquito fue afectado por los comentarios de sus maestras en cuanto a su comportamiento y tuvo una vida apegada a la empresa familiar, reprimiendo muchos de sus sentimientos por no ser reconocido como correspondía. Luego de un proceso de introspección, logró transformarse y tiene una de las iniciativas digitales más grandes de LATAM.
5. Patricio, pasó de tener mucha vergüenza y rencor a las burlas por ser tartamudo, a convertirse en el líder de una de las instituciones educativas más importantes del mundo.

Hay muchísimos más ejemplos de personas "comunes y corrientes" que han desarrollado su propia capacidad de reinventarse. Te invito a que, si vos estás leyendo estos ejemplos y pasaste por alguna situación similar, también puedas contarla.

En todos los casos, existió un **proceso de aceptación,** como el que yo también tuve que pasar. Hubo un gran trabajo sobre las posibles "pérdidas imaginarias" o expectativas que estas personas desarrollaron. Ahí es donde pudieron conectar con ellas y animarse a dejar de lado todo aquello que les dolía o lastimaba para emprender un nuevo camino. Ante un resultado no esperado, además de aceptación y de capitalizar el error, tenemos que tener constancia y determinación. El deseo, sin llevarlo a la acción, no deja de ser un simple deseo.

Los obstáculos que se nos presentan y que tenemos que superar, también nos sirven de excusas para optar por la salida más cómoda y "segura". Es por eso que te cuento que los obstáculos tienen que ver con una percepción que cada uno de nosotros tiene sobre lo que ve. De esa manera, lo asociamos con un problema o dificultad y, por ende, una limitación que no nos permite ser plenos. No me voy a cansar de decirlo: el fracaso es una interpretación que hacemos sobre una situación.

Nada es imposible; es una opinión, no es un hecho, y está en nosotros que sea solo potencial. Es nuestro desafío hacer que sea temporario o que perdure a lo largo de nuestra vida.

Existen infinidad de ejemplos en donde personas que durante mucho tiempo no les ha funcionado algo, lo han logrado solo por persistir, así como también, supieron cómo responder ante la situación del momento. También puedo contarte mi propio ejemplo, estando aún dentro de una organización. Pero en este ejemplo, yo no era consciente de cómo utilizar mi mente a mi favor, solo sabía que tenía un deseo inmenso de nuevos desafíos. Estuve años anhelando nuevas oportunidades dentro de aquella organización. Recuerdo que pedía cambios y proyectos que me motiven a gerentes de ese momento pero, en su lugar, me volvía frustrado y aburrido a mi escritorio. Seis fueron los años que me dominó esta situación, en donde el reclamo para mí, en el área profesional, era moneda corriente. Pero hubo un año que el área donde yo trabajaba fue adquirida por otra empresa, y fue ahí cuando apareció la oportunidad que me traería ese entusiasmo que estaba buscando.

Nueva vibra, nuevos desafíos, mayor visibilidad y crecimiento profesional. Pero nuevamente te digo, en esa etapa de mi vida, si bien tenía muchísima voluntad, no era consciente de cómo funcionaba la mentalidad de creador. Es más, en esa época creía, como generalmente se decía, que "el tren de las oportunidades pasa solo una vez", como si fuera un penal que pateabas y si errabas, perdías, era lo peor, quedarías para siempre con la situación de ese momento. En definitiva, creía que las cosas que pasaban, pasaban; y había que dejarlo todo para conquistar la oportunidad.

Hay muchas personas que se sienten impotentes e insignificantes ante los acontecimientos que la coyuntura nacional y mundial propone, pensando que, aunque hicieran todo de forma correcta, su bienestar siempre va a estar dependiendo de las acciones de los demás. Crean angustia en sus vidas debido al mal que otros hacen, la culpa o los responsables siempre son los otros: corrupción, grieta, el futuro, gobernantes, lo que se ve en la tele, etc. Estas personas llegan a pensar: "yo pongo mi vida en orden y hago las cosas bien, pero los demás deberían cambiar", "siempre vamos a pagar impuestos", "esto no cambia nunca más", "nunca la veo, este esfuerzo es en vano", "son todos ladrones", "una vez que me equivoco… siempre hice todo correctamente". Este **sistema de creencias** fomenta la sensación de sentirnos impotentes para hacer cambios reales en nuestra vida. Es por eso que, aunque puedan hablar con distintas personas especializadas en cambios, jamás lo lograrán, a menos que cambien sus creencias.

Al estar todo el tiempo prestándole atención a aquello que no funciona, limitamos nuestro enfoque a los efectos y descuidamos, de esta manera, las causas que generan estas situaciones.

No llegamos a ser 100 % conscientes de que son todas esas pequeñas decisiones que tomamos todos los días, las que crean nuestra experiencia, que generalmente llamamos "destino". Si tomamos decisiones de forma inconsciente, en donde, de alguna manera, le damos "poder" a otras personas o a los asuntos externos para que asuman la responsabilidad por nosotros, seguiremos alimentando la experiencia de nuestro sistema de creencias. Esto quiere decir que experimentaremos todo el tiempo más de lo mismo.

En consecuencia, la asociación éxito o fracaso, viene determinada por las decisiones que tomamos y el compromiso de las acciones que hacemos todos los días. Es por esa misma razón que, una equivocación, un error o un fracaso, puede ser percibido de una manera catastrófica o, simplemente, como una decisión incorrecta que puedo mejorar para la próxima y así seguir adelante.

Dicho esto, entendí que, para realizar cambios duraderos, era necesario comprometerme con ser mejor todo el tiempo. De esta manera, y a pesar de los múltiples desafíos que se me presentaban, pude encontrar la verdadera motivación para seguir adelante, más allá de no tener resultados inmediatos.

Para finalizar este capítulo, quiero compartirte algunas claves para registrar y asumir tu propio camino, las cuales generosamente me brindaron personas a las que entrevisté. **Hernán Pisotti**, Guía Espiritual, comparte que **la confianza en uno mismo es la clave**, y asegura: "Todo lo que necesitás saber en tu vida, está ahí pasando. Lo que precisás para tu evolución, es lo que está ocurriendo hoy en tu vida. Está ahí. Si le prestás atención a lo que te pasa, podés evolucionar. Y como una gran enseñanza, nos muestra que es muy importante aprender a dejar afuera lo que no nos pertenece, para hacernos cargo solo de lo que está dentro nuestro".

Lucas Martino, deportista y entrenador personal, supo transformarse y salir airoso de varias situaciones complejas por las que atravesó: "cuando no te gusta cómo está siendo tu vida, y registrás que la mayor parte del tiempo es una queja, es cuando debés ser consciente de que hay algo que cambiar".

Lucas propone que sigamos siempre nuestro instinto positivo. Si tenemos miedo a intentar, vamos a estar siempre dentro de nuestra zona de confort.

Reflexionando sobre algunos principios claves para nuestro progreso, Lucas comparte los suyos:

- **No conformarse nunca**, sin que eso se transforme en una fiebre que gobierne tu vida.
- **Sé feliz con lo que a vos te haga feliz**, y que eso te genere una mejor calidad de vida.
- **Disfrutar del momento.**
- **Predicar con el ejemplo.**

En muchos cursos, talleres y seminarios, me encuentro con personas que expresan dolor y/o resignación por estar constantemente poniendo su atención sobre las injusticias que la vida tiene con ellos. Debemos aceptar y comprender que todo es una cuestión de percepción, ¿o nunca te pasó que una experiencia verdaderamente negativa en tu vida, luego pasó a ser el mejor ejemplo para lo que vendría después?

¿Qué mensaje me gustaría dejarte con esto? Independientemente del país en el que vivas, y más allá de lo que puedan decirte las personas de tu entorno más íntimo, **tenés que experimentar todo lo que puedas. Transformate en tu propio ejemplo. La oportunidad que hay que aprovechar es la del aprendizaje por lo que se hizo y no salió como esperábamos.** Revisá cuáles son las creencias que te dominan y si no son las que necesitás, trabajá en mejorarlas todo el tiempo. De esa manera, vas a empezar a construir una mentalidad de creador, en donde la verdadera meta es que comprendas que sos creador de tu propia experiencia.

Recordá siempre: **"Las cosas no te pasan a vos, sino que pasan para vos". Tony Robbins.**

CAPÍTULO 5
HACELO ANTES DE QUE SEA PERFECTO

> "Mucha gente muere con las botas puestas. ¿Por qué? A menudo porque siempre están listos para vivir. Antes de que se den cuenta, el tiempo se acaba".
>
> Oliver Wendell Holmes

Suele decirse que no hay un momento perfecto para empezar algo que realmente deseamos. Un nuevo proyecto, un noviazgo, un viaje, y hasta mudarnos. También se dice que no hay un día especial para iniciar algo, dar vuelta la página o patear el tablero. Pero en realidad sí, y es ese instante donde todo tu cuerpo siente que aquello que te entusiasma y tanto deseas, es para vos. Este libro más allá de ser un anhelo personal, lo escribí también para contarte, de primera mano, que por muy intimidantes y complejas que puedan parecer las circunstancias, de verdad podés dar vuelta la historia con tu mente de creador.

Por supuesto que podés manifestar tus deseos más profundos o, como generalmente se dice, tus sueños.

Lejos de mostrarme como un gurú o algo parecido a ello, te cuento que la forma que para mí existe, siempre me funcionó y recomiendo, es liberando esa energía que contienen tus sentimientos más profundos y que están relacionados con tus deseos. Tal vez me dirás: "¿Y cómo la identifico? Existe un **impulso creador** que es más auténtico que tus pensamientos y no te pasará desapercibido. Entonces bien, en caso de identificarlo, ¿cómo voy a saber cómo hacerlo? Aquí es cuando verdaderamente sentís esa energía que te invita a avanzar en tus deseos, y te ayudará a decidir y actuar en consecuencia.

¿Querés poner tu propio negocio? No basta con desear algo, sino que tenés que trabajar en todo lo que ello implique: entender y aprender el negocio en profundidad. ¿Te gustaría ser chef profesional? Hacé como mi amigo Martín que toma cursos de sushi, de comida peruana, italiana, china, etc. y estudia en una Escuela de cocina con muchos compañeros extranjeros. Allí aprende todos los movimientos. **Empezá hoy**. Tampoco es necesario que sepas todo para dar el primer paso, para iniciar el camino. Hay un concepto que me ayudó mucho durante todos estos años. Se trata de la **inmersión total**, lo aplico en todo lo que requiere un aprendizaje y quiero emprender. Significa abocarse por completo en el aprendizaje de lo que querés, mientras experimentas. Aquí, a diferencia de lo que conocemos, el paradigma de aprendizaje será distinto al que nos enseñaron, en donde primero sabés para luego poner en práctica (por decirlo de alguna manera).

Estamos acostumbrados a ir superando las metas, saltando obstáculos; desde niños, primero tuvimos que aprender a escribir y luego pudimos comenzar a leer; en general, primero se estudia una carrera para conseguir trabajo, y podría seguir, la lista es muy larga... Algo a lo que también estamos muy habituados es a no implementar nada hasta tanto estén todas las condiciones dadas para su lanzamiento. No podemos tener nada librado al azar, todo tiene que estar "fríamente calculado".

La **inmersión total** significa, no solo aprender el contenido teórico, sino que mientras estás inmerso en el mundo de lo que te gusta, tu cerebro va a capturar información mucho más precisa de casos reales. Como Martín, mientras vive la experiencia de estudiar para ser chef, va a estar todo el tiempo enfocado en hacer la receta con la perfección que su jefe cocinero lo indica, orientado en lo que sí y lo que no hacer con los clientes y, además, aprenderá frases en otros idiomas para comunicarse con sus compañeros de otros países.

Yo también aprendí, y lo sigo haciendo, sobre el negocio que quería desarrollar, pero no me enfoqué solamente en un área en particular, sino en dos muy precisas: el crecimiento personal de cada individuo y estrategias de cambio en organizaciones. Recuerdo que, si bien al inicio tenía contenido teórico, sumado a mi recorrido y la meta muy clara, aún debía aprender a pararme delante de una audiencia y clientes reales.

Un día, un gran amigo mío, me pidió que lo cubriera en una de sus clases dentro de un Programa de Liderazgo dirigido a la Alta Dirección. Él confiaba en mí, y yo estaba en plena construcción de esa confianza en mi nueva profesión. Por supuesto que dije que sí. Las semanas previas estuvieron cargadas de ansiedad, hasta que llegó *el día*. Era la primera vez en mi vida que me paraba delante de una audiencia desconocida. Solo estaba acostumbrado a brindar alguna que otra charla a mi equipo de trabajo o a alguien conocido dentro de la organización donde trabajaba. Recuerdo que, en mi mente, todo el tiempo pensaba "cómo comenzar", era lo único que repetía una y otra vez, y eso me tenía bastante nervioso.

Mientras conectaba mi notebook al proyector, seguía pensando lo mismo. hasta que el proyector no conectó. Es ahí cuando comprendí, lo que tanto había investigado sobre interrumpir el patrón de pensamiento. Claro, nunca lo había entendido sobre un hecho desfavorable para mí. Pero esa situación provocó que pudiera interrumpir mi pensamiento sobre cómo empezar y así ocuparme en arreglar la situación. Luego de unos minutos, la situación no mejoró y fue entonces cuando decidí experimentar con lo que tenía a mano, tenía que salir airoso con lo que había en el lugar. Estaba inquieto, por supuesto, pero ya había decidido hacer frente a la situación y eso, en definitiva, me hacía probar de todo. Esto es lo que llamo **inmersión total**. Gracias a esa experiencia, pude aprender muchísimo, y así seguir experimentando con mejor información.

Las nuevas experiencias nos proporcionan la posibilidad de cuestionar nuestras creencias. Necesitamos comprender que nuestra vida será configurada por la forma que tengamos de afrontar la adversidad y los desafíos que esta nos presenta.

Particularmente, creo que la vida no nos recompensa por lo que sabemos, sino por lo que hacemos. Cuando te decidís a experimentar, aparece nueva información que no podías asumir si estabas razonando y planificando todo. Situaciones confusas empiezan a aclararse. Personas que no conocías comienzan a acercarse. Cuando generás **inmersión total**, todo tipo de cosas buenas empiezan a surgir.

Uno de los efectos más increíbles de hacer **inmersión total** en lo que querés, es que empezás a crear un impulso energético imparable el cual atrae, más personas, más oportunidades y más contribuciones a tu vida. Como mencioné en capítulos anteriores, la inmersión total también significa que debemos estar dispuestos a empezar sin ver todo el camino desde el principio.

Aquí retomo lo que mencionó **Eduardo Martínez**, Chief Information Officer (CIO) de una compañía multinacional, en una nueva entrevista con los **más de 30 CREADORES. Eduardo** recomienda mantener la calma siempre y aún más en momentos difíciles. ¿Por qué? Porque con calma se toman las mejores decisiones.

Quiero dar mi definición de calma: "Lo que fue, fue; y lo que viene, es". Es decir, que todo se da paso a paso. No tomar decisiones por miedo a lo desconocido, así como tampoco tomar decisiones por culpa de lo que fue y tenía que ser distinto, según nuestro criterio.

También, según Eduardo, es necesario conservar la humildad y la empatía todo el tiempo. Además, hay que creer en los equipos. Pero, por sobre todo, ser constantes y saber ponernos límites.

Podemos despertar emociones muy poderosas en nosotros, como el entusiasmo, que nos permita conectar con todos nuestros sentidos y ser personas íntegras.

Existen múltiples casos de personas que son conocidas por todos nosotros por no tener "certezas pensantes" en cuanto al cómo hacerlo, sino que tuvieron "certezas intuitivas" que impulsaron su actuar, y fueron aprendiendo y descubriendo nueva información en el camino. Tan solo para nombrar algunos:

- J. K. Rowling
- Chris Gardner
- Muchos de los deportistas argentinos más reconocidos en el mundo

Las personas, hasta las más inteligentes, no pueden triunfar en la acumulación de éxitos sin planes prácticos, sin pruebas, sin experimentación. A través de la inmersión total, todo cerebro humano es capaz de recoger vibraciones de pensamiento que otros están emitiendo, y así recibir información precisa para todo aquello que estamos buscando.

Reforzá tus nuevos aprendizajes con todos tus sentidos mediante la experimentación continua, la repetición, la intensidad emocional y la inmersión total en todo aquello que deseás. Incorporá elementos visuales, auditivos y kinestésicos capaces de convertir tu objetivo en tu realidad. No hay aprendizaje más disfrutable que el que se va haciendo al andar.

Para terminar, te comparto una reflexión: la razón nos ayuda para enfocarnos y observar con calma las situaciones; pero el verdadero impulso que nos permite crear experiencias de aprendizaje real, manifestando a cada paso nuestro verdadero deseo, es el impulso de nuestra intuición, quiero decir, la inmersión total.

CAPÍTULO 6
TU EXPERIENCIA COMO CREADOR

"La forma más poderosa de continuar con ese impulso creador que nació en tu mente es emprender una acción inmediata".

Jerónimo Ciapparelli

Nada sucede por azar. Para que algo ocurra, primero tenemos que, al menos imaginarlo. Nada pasa si antes no lo viste en tu mente. Cuántas veces nos encontramos con este tipo de frases en nuestro día a día: "Si puedes soñarlo, puedes lograrlo", "Tú creas tus propias oportunidades", y podría seguir. Mucho más si estamos en esta onda del crecimiento personal, la motivación, el cambio, o como quieras llamarlo. Durante los capítulos anteriores, te compartí mucha información, ejemplos, testimonios personales y de los que tienen mentalidad de creador para situarte en la posición de tomar nuevas decisiones, en caso de estar en busca de un cambio o progreso en lo que haces hoy. Para eso, tenemos que ser capaces de establecer la diferencia entre la vida imaginaria que te gustaría y la vida real que tenés.

Además de haberlo hecho (y sigo) conmigo mismo, entrené a muchas personas y pasaron muchísimas más por cursos, conferencias, talleres y seminarios. Son más de diez años de trabajo a todo ritmo. Puedo asegurarte que conozco mucha gente que sabe lo que debería hacer en su vida, pero no lo hace. Son distintos y variados los motivos que no le permiten actuar de la forma que desean, y la causa raíz de ello tiene que ver con la propia incapacidad de imaginar o proyectar un mañana beneficioso y convincente para ellos. En estos casos, el pensamiento sobre el futuro está atado a limitación y supervivencia, y la verdadera razón es que lo que vendrá para cada una de estas personas no es "posible" porque está asociado a un miedo difícil de abordar.

Tal vez, conocés algunos de los motivos que nos provocan insatisfacción, lo que nos lleva a la inacción. Algunos de ellos son:

- Las creencias que tenemos sobre nosotros mismos.
- La incapacidad de imaginar un futuro beneficioso.
- Hablar de más sin haber accionado.
- No estar dispuestos a accionar.

- El sentimiento de no sentirnos queridos si hacemos algo distinto a lo habitual.
- La sensación de soledad.
- La crítica que harán los demás sobre nosotros.
- La duda antes, durante y después de accionar.
- Convencerse de que "yo soy así".
- Buscar motivación fuera de nosotros.
- No pedir ayuda sincera.
- Hablar de forma superficial.

Si te preguntaras ahora, "¿qué es peor?: ¿seguir soportando esto que me genera insatisfacción, angustia y aburrimiento? ¿O cambiar?" Tendrías mil explicaciones, o tal vez ya decidiste, pero te aseguro que la mayoría estaría dispuesta a seguir soportando estados de ánimo conocidos a tener que experimentar sensaciones nuevas. ¿Por qué? Por un montón de razones, pero la principal es: porque es "seguro" y es muy difícil dejar un hábito o costumbre. Involucra un montón de emociones y, aunque parezca extraño, sucede.

En una nueva entrevista que mantuve con **Patricio Álvarez Casado,** productor de cine, me dejó esta frase: **"El mañana es mejor".** Según él, la superación está en todos y siempre tenemos algo que mejorar. Todos los días se puede seguir creciendo. La **clave** para él es **conocernos, saber qué queremos, y tener paciencia**. Patricio comenzó como cadete a los veinte años y logró construir una de las empresas más exitosas. El camino no fue nada fácil, pasó por varias frustraciones que lo ayudaron mucho y hasta tuvo que superar una parálisis facial causada por estrés. Él menciona **algunos esfuerzos** para cambiar la situación por la que transitamos:

- Tener paciencia. Las cosas no suceden cuando lo deseamos. Pero no tenemos que esperar nada de nadie, sino saber actuar en el momento adecuado. Usar ese tiempo, esa espera, para diseñar la estrategia de cómo hacerlo. El *timing* es todo.
- Ser generosos.
- Ser humildes.
- Aprender a escuchar a los demás y a nosotros mismos.

La base, para Patricio, está en el trabajo y la humildad. No perder de vista nuestras relaciones. Chequear nuestros vínculos. **Y, por sobre todo, estar presentes.**

En este capítulo, te quiero contar una experiencia propia con uno de mis clientes favoritos: Jorgelina (su nombre fue modificado por cuestiones privadas). Ella, como conté en el capítulo 4, ocultó durante mucho tiempo su preferencia sexual por temor a ser rechazada por sus familiares y amigos. Este silencio le causaba angustia, en su interior sufría muchísimo y su **imposibilidad de crear la vida que deseaba** duró hasta que se animó a pedir ayuda sincera. Esa decisión o "clic", como muchos le dicen, le dio el impulso; estaba dispuesta a soportar lo que fuera o lo que venga con tal de evitar que suceda lo que ella tanto temía.

Es posible que te preguntes: "¿Qué tiene que ver esto con tener una experiencia como creador?" Nada es casual. Con este caso intento despertar en vos, en este capítulo, a través de la palabra **"creador", la confianza y la decisión de hacer, de actuar y de lograr aquello que te propongas.** No está asociado a un Dios supremo, no significa que alguien todopoderoso vendrá a salvarte. Lejos de eso, sos vos el que, con tu propia decisión, hacés que las cosas sucedan. Me sirve para ayudarte a comprender que, absolutamente todo lo que pensamos, si es acompañado de un sentimiento fuerte -de esos que realmente marcan la diferencia-, hacen que termines creando la experiencia que deseaste.

Esa experiencia va a ocurrir en tu vida y es ahí donde aparece la **mentalidad del creador** para vivenciarla con verdadera aceptación y amor, hasta transformarla en una oportunidad de cambio. Pero también, entre las alternativas o caminos posibles, podés rechazarla e insultar a quien gustes negando lo que te sucede. Muchas veces, esta segunda opción, es la más fácil de elegir.

Jorgelina participaba de miles de cursos: PNL, Coaching, Liderazgo Personal, Mindfulness. Y no lograba transformarse, hasta que hizo un retiro de cinco días.

Todas estas experiencias fueron pasos necesarios, le sirvieron de habilitadores y le brindaron las herramientas prácticas. Aprendió nuevas habilidades, le permitieron ampliar su mirada y hasta hizo nuevos conocidos pero... Jorgelina guardaba un sufrimiento muy grande dentro de ella y cada vez que se anotaba en un curso o seminario, su forma de expresarse era superficial. Por lo menos, así lo define ella.

Ante la pregunta inicial de cada maestro que intentaba saber más sobre los participantes, indagando acerca de aquello que buscaban, Jorgelina respondía: "Busco ordenarme en mi trabajo, tener más tiempo y organizarme mejor". Esa respuesta no era sincera, ella no lograba abrirse.

No lo hacía a propósito, pero le salía eso, era la respuesta más sencilla pero la que le seguía haciendo postergar su decisión. Hacía que cada vez esté más lejos de ser quien realmente deseaba.

Jorgelina supo soportar durante años su dolor. Por supuesto que las características de la sociedad en donde ella vivía influenciaron sus decisiones. En una sociedad en donde la mirada sobre lo "distinto" a lo "normal" es bien marcada, es más factible que las emociones se repriman. De igual manera, no es un factor determinante para no buscar ayuda y transformar la propia realidad.

Aquí te comparto nuestro primer encuentro:

Yo: Jorgelina, ¿cómo te ayudo?

Jorgelina: Me da mucha vergüenza decirte, pero lo voy a hacer porque me inspiraste confianza en el seminario, pero por favor te pido que quede entre nosotros.

Yo: Muchas gracias, por supuesto, podemos si querés, firmar un acuerdo de confidencialidad para estas sesiones.

Jorgelina: No hace falta. El tema es que soy gay y no me aguanto más tener que ocultarlo. Me produce mucha angustia esto que me está pasando, y me ocurre hace años. Necesito poder contárselo a alguien, pero me da miedo el rechazo de las personas. Mi hermana, mis amigos, pero sobre todo, mi papá. A mi mamá se lo puedo contar y sé, que después de su decepción, me va a abrazar, pero me va a decir que todavía a papá no se lo cuente.

Yo: ¿Qué hubiera hecho tu mamá en tu situación?

Jorgelina: No sé, pero, ¿por qué me preguntas eso? Creo que ella lo hubiera ocultado. Más que nada para no lastimarnos. No sé, supongo que hubiera hecho eso. Ahora que lo decís, no tengo registro de haber visto a mi mamá contándome algo de ella.

Yo: ¿A quién modelaste cuando eras chica? No me refiero a quién querías más, sino ¿con quién te identificabas más?

Jorgelina: Con mi mamá.

En ese momento Jorgelina hizo un quiebre, dándose cuenta de que había modelado a su madre, por lo menos, en cuanto a la forma de manifestar sus emociones más profundas; y que durante un tiempo, eligió vivir de esa manera, sin ser lo suficientemente consciente.

Por ahora no abordaremos más esta conversación, solo te mostré el inicio para que también veas una de las opciones de por qué hacemos lo que hacemos y por qué creamos las experiencias que creamos. No importa que no te guste lo que creaste, siempre tiene que ver con algo. No solo tiene que ver con decir afirmaciones positivas y luego quedarse esperando el milagro. **La mentalidad de creador tiene que ver con un estado de conciencia que manifestará lo que te propongas. Así de simple.**

Si, en el caso de Jorgelina, ella no identificaba y hacía consciente que tenía un patrón de comportamiento aprendido desde su niñez, posiblemente sus búsquedas hubieran terminado en experiencias similares a las que no quería, por ende, en la misma creación.

Cuando las personas nos sentimos capaces de crear un significado asociado a lo que deseamos en nuestra vida, nos sentimos felices y fortalecidos. Cuando nos sentimos incapaces de crearlos, andamos deambulando, esperando que las situaciones externas sean favorables para nosotros. Si lográs comprender esto, vas a sentir una fuerza increíblemente poderosa en tu vida para transformar tu mente en creadora.

Las experiencias que tenemos, las podemos experimentar de manera automática, como quien dice, vamos andando por la vida; o comprender para qué se nos presentan y cómo es que la estamos creando. Lo importante es entender cómo es que estoy creando mi experiencia actual, para revisar qué es lo que debo modificar: una forma de ser, de pensar, de responder, de actuar, etc.

Lo importante, es que no repitas las experiencias insatisfactorias nuevamente sin darte cuenta de que hay algo que debés modificar.

En este camino de la transformación, **¿hay alguna receta o fórmula mágica que nos ayude a animarnos a ser quienes queremos, o a alcanzar la meta que deseamos?** Me encantaría decirte que sí, responderte que sigas tres pasos que no fallan y listo. Pero **el cambio está en vos, la decisión inicial es personal e intransferible**. La mente creadora está en vos y tenés el poder de dar los pasos necesarios para modificar la situación actual.

En otra entrevista a **Pablo Vázquez Kunz,** quien se define como "pscicólogo antipsicólogo", es biodescodificador y conferencista, dijo algo muy cierto: **"La víctima no puede ser creadora**. Me tengo que hacer cargo de lo que estoy creando". Pablo sugiere que toda persona debe atreverse a desaprender, dejando de sostener su sistema de creencias y debe estar dispuesta a aprender siempre. Me brindó **algunas claves para nuestro desarrollo personal:**

- Indagación personal: anotar cuáles son los juicios que hacés todos los días sobre lo que sentís y lo que pensás.

- Dejar de ser víctima.
- Asumir que tus creencias se están expresando en el mundo.
- Disfrutar. Si no estás disfrutando, hay algo que tenés que cambiar.

Por eso, Jorgelina fue ella misma quien logró aquello que tanto deseaba, que postergaba hacía años y que tan difícil le resultaba. **Se transformó, dejó de ser víctima para convertirse en creadora.** El resultado de ser ella misma no tuvo que ver con enfrentar a los demás, sino con encontrarse para, desde, ahí vivenciar experiencias distintas en donde la aceptación propia debía de estar a flor de piel. Los beneficios de esta transformación, no solo fueron de felicidad, sino que pudo sacarse años de sufrimiento, eliminar gente de su vida que no tenía que ver con quien realmente era pero, sobre todo, empezar a compartir y construir desde un lugar auténtico de su ser.

¿Te va quedando claro?

CAPÍTULO 7
LOS JUEGOS DEL MIEDO

"El miedo es energía".

Jerónimo Ciapparelli

Cuando me permití tomar la decisión de cambio en mi vida, sabía qué era lo que me guiaba: **mi propósito**. Ese que, después de sentirlo muy fuerte durante un tiempo, pude llevarlo a cabo. Se trata de **influir constantemente en la vida de las personas para que configuren una mentalidad creadora y así construyan el camino que desean.**

Como te conté en el primer capítulo, tuve una gran experiencia, mi primera vez delante de ese curso para ejecutivos. Ahora bien, descubrí que, gracias a mi entusiasmo, pasión inagotable y, como decía mi hijo cuando tenía seis años, "desvergüenza" (no tener vergüenza), **desarrollé una gran habilidad para capitalizar aprendizajes**, sobre todo en la práctica. ¿Cómo es eso? Leí muchísimo, investigué mucho más, pero, más que nada, lo utilicé en mí. Eso no es todo, sino que, lo que probaba de inmediato, lo ponía en práctica con clientes, alumnos o personas que se me acercaban en busca de alguna conversación. De esa manera, fui generando contenidos concretos y con ejemplos reales de transformación que ayudaban a otros, cumpliendo así mi propósito.

Continué indagando y descubrí que esta forma era la **inmersión total**, como ya mencioné en capítulos pasados. Retomo este concepto porque la inmersión total no solo hará que crezcas a pasos agigantados, sino que, para que ella realice su trabajo, vos debés enfrentar el miedo. Esto significa que no lo niegues, ni tampoco te paralices. Ahí, cuando estás cara a cara dispuesto a todo, en especial, a crear una mentalidad de aprendizaje.

Si me conocés, me habrás escuchado utilizar la palabra **autorizarme**. Esto, en mí, quiere decir: enfrentarme al miedo. ¿Miedo a qué? A mis propias decisiones, a quedarme solo, a no tener nadie que me banque, a la crítica, a quedar en ridículo. En definitiva, miedo a que se dañe mi imagen ante los demás.

Entonces, autorizarme significa darme permiso para probar, testear, equivocarme feo, aprender y seguir avanzando con miedo y todo. No te imaginás lo enriquecedor de ese proceso y la satisfacción que genera por todo lo que lográs crear en él. También el proceso deja cicatrices, algunas de ellas muy profundas que a su vez dejan aprendizajes titánicos. De esta forma, seguís adelante. Y cuando te aparecen oportunidades, las abordás, son grandes, y vos estás ahí, dándolo todo, capitalizando aún más profundamente tu crecimiento.

En otra de las entrevistas con **Agostina Chimento**, CEO de Stemlife Argentina, ella plantea que **"los obstáculos son aprendizajes, la propia mente puede ser el único distractor que tengamos para no lograr lo que nos proponemos"**. Además, asegura que **"somos pensamiento. Elegimos todo el tiempo"**. Y nos recuerda que lo importante es saber escuchar y saber cuándo callarnos. "Es clave, y cada vez más, aprender a callarnos cuando corresponde".

Cabe aclarar que **aprendemos en la práctica**, la teoría es enunciación, solo eso. El aprendizaje real viene dado en el hacer. Tenés que poder estar cara a cara con las situaciones que deseás y que también te dan miedo, sí esas, de las más pequeñas hasta las más grandes. La **inmersión total es activar tu mente creadora capitalizando toda la información,** priorizando siempre los hechos en detrimento de la forma tradicional donde primero incorporás la teoría y luego vas en busca de la acción.

Antes de eso, existe un **paso ineludible** que consiste, como mencioné, en **enfrentar tus miedos**. Los imaginarios, por lo desconocido y con los fantasmas del pasado.

En lugar de seguir avanzando con mi propio proceso de transformación, te quiero dejar algunas prácticas de **cómo vos podés afrontarlos o desafiar tus miedos.**

- **Identificalos**

Aprender a superar el miedo es muy similar a cualquier desafío de resolución de problemas, ya que debés detectarlo para superarlo. ¿A qué le **tenés miedo?** Sentate en silencio por unos minutos y observá tus pensamientos, sentimientos y sensaciones corporales. Escribí lo que aparece, sé lo más específico posible. Considerá adoptar una práctica diaria de meditación de atención plena para obtener una mayor claridad sobre lo que te impulsa. A medida que encuentres tu centro, te sentirás capacitado para afrontar tus miedos y así, darle paso a la inmersión total.

- **Superalos y transformalos**

Nuestras emociones existen para decirnos cosas. Cuando sentimos miedo, nuestra alma está tratando de decirnos algo, por eso es importante saber escuchar. Si te sentís abrumado por el estrés o distraído por una ansiedad sutil pero persistente, es probable que sea un miedo subconsciente que necesite tu atención. **El miedo es información.** Tenés que mirarlo como información en lugar de una amenaza para tu supervivencia. Al superarlo, se convierte en tu aliado y es una fuente crítica de orientación para alcanzar tu máximo potencial. En definitiva, es una guía que te impulsa a la acción.

- **Date un momento para reflexionar**

Hay momentos para la acción y momentos para la reflexión. Actuar demasiado rápido para superar tu miedo, puede conducirte a comportamientos que causan más daño que buenos momentos. La próxima vez que sientas miedo, intentá algo nuevo: no hagas nada. Sentate con tu miedo por unos minutos. Pensalo: **¿cuál es la causa de tu miedo?** ¿Cuál es la historia que te contás sobre por qué no podés superar este miedo? Esto no quiere decir que no debas tomar medidas. Un momento de reflexión puede tener un gran efecto para superar el miedo de una manera productiva, deliberada y efectiva. **Reflexioná sin negar.**

- **Registrá las excusas**

El miedo nos invita a postergar. "Estoy realmente cansado. Tengo otras cosas que hacer. Es una idea tonta". Estas excusas probablemente te suenen familiares, ¿no? Es probable que las hayas dicho alguna vez, ya sea en voz alta o para vos mismo. Pensalo: ¿hay algo de verdad en estas afirmaciones o estás construyendo recursos para evitar posibles fallas? Es mucho más fácil y menos doloroso poner excusas a dedicar largas horas y energía para lograr tu objetivo.

Los pretextos no son más que evasivas que, finalmente, te dejarán sin lograr nada. Si deseás descubrir cómo vencer el miedo, debes adoptar un **enfoque proactivo** y diferente. Reconocer cuándo estás usando excusas y descubrir cómo desactivarlas. ¿Nunca tenés tiempo para hacer lo que realmente querés? Un buen comienzo sería empezar a decir que no (aunque te tiente) a todo aquello que no tiene que ver con lo querés.

- **Adoptá una mentalidad de creador**

Cuando tenés miedo, tendés a quedarte en un solo lugar. ¿Qué pasa si cometes un error? ¿Qué pasa si fallás? Empezás a creer que no podés progresar en absoluto, que sos incapaz de hacerlo; el miedo te detiene. Uno de los consejos más poderosos para superar el miedo y la ansiedad es adoptar una mentalidad de creador. No se trata de lograr tus objetivos y ser perfecto en cada paso del camino. Nadie es perfecto todo el tiempo, así que dejá de esforzarte por eso. Se trata de **sentirse cómodo con lo que no sabés, y continuar de todos modos**: esta es la base de una mentalidad de creadores. No importa cuántos errores cometas o cuán lento sea tu progreso, todavía estás muy por delante de todos los que no lo están intentando. Mientras trabajás para superar el miedo, te darás cuenta de que habrá muchas pruebas y tribulaciones en el camino. Tan pronto como hayas aceptado que el camino hacia el éxito incluye cambios constantes, sobre todo emocionales, estarás un paso más cerca de alcanzar tus metas.

- **Presupuestá que también la podés pasar mal**

A nadie le gusta pasarla mal. La mayoría de nosotros hacemos todo lo posible para evitarlo. Pero **el dolor, la incomodidad son grandes maestros** que traen consigo sabiduría. Si aceptás que tu vida y tus esfuerzos por lograr tus objetivos serán dolorosos a veces, comprenderás que esas experiencias se convierten en oportunidades de crecimiento. Todos, continuamente, experimentamos dificultades. No importa si tus contratiempos son personales o profesionales: lo que importa, son las lecciones que tomás de esas experiencias y cómo las aplicás a situaciones futuras. En lugar de dejar que el dolor y el miedo impongan tus decisiones, elegí activamente aprender de esos momentos cuando no la pasás tan bien para tener el control de tu propia vida.

- **Visualizá tus objetivos**

Ya realizaste el trabajo mental: identificaste las razones reales por las que te estás deteniendo y determinando lo que debés tener en la vida. Pero superar el miedo requiere que practiques estos hábitos diariamente para que conduzcan a una verdadera acción. Identificá tus problemas, y dales tu poder y energía a las soluciones. La visualización de objetivos es una de estas soluciones. **Establecé tu enfoque, y dnde va el enfoque, la energía fluye**. Podés tomar la forma de preparación, meditación o entrenamiento de imágenes. Lo importante es que te veas a vos mismo triunfando y te sumerjas completamente en tu objetivo. De esta manera condicionará tu cerebro para creer que todo es posible, un paso clave para superar el miedo.

- **Aceptá que vas a fallar**

¿Cuál es el temor número uno de las personas cuando se trata de lograr sus objetivos? Que fallarán. Así como el dolor, el fracaso también nos puede enseñar. De hecho, a menudo, es mejor maestro que el éxito. Si aceptás desde el principio que es una parte inevitable del éxito, tendrás menos miedo. La frustración puede proporcionarte valiosas experiencias de aprendizaje que impactarán positivamente tus estrategias futuras. **Todos fallan**: empresarios exitosos. Líderes mundiales. Artistas, científicos y médicos. Nuestra sociedad evita hablar del fracaso y, en cambio, celebra los éxitos. Esto crea la falsa impresión de que, para ser verdaderamente exitoso, nunca debés fallar. Por el contrario, parte de superar el miedo es reconocer que todos en el planeta, incluidos los que conocés y admirás, han encontrado el fracaso en su camino hacia la grandeza.

Cuanto más rápido te des cuenta de que tu miedo a fallar te impide tomar la decisión de cumplir tus sueños, más pronto podrás aceptar la posibilidad de equivocarte y seguir adelante. Cómo respondés al miedo, es lo que te distingue del resto de la multitud. Rompé tus propias barreras y aprovechá tu poder interior.

En este punto quiero rescatar a un nuevo creador con quien tuve el placer de conversar: **Fernando Hindi**, presidente de la FICOP (Federación Internacional de Coaching Ontológico Profesional) y director de Grow Consultora. Fernando destaca lo importante que es no hacer por hacer. **"Siempre hago para algo, con un propósito. Busco el foco en lo que hago. Hacer con intención".** Fernando comparte que el uso consciente de su agenda es clave: "Todo lo que hago está en mi agenda". Es un recurso fundamental para disfrutar y estar presente en ese momento preciso y, me animo a agregar, precioso (en el sentido de único e irrepetible), que estás haciendo lo que te propusiste. Aunque falles.

En definitiva, **dolor, fracaso y miedo no son enemigos. Son nuestros aliados.** Tenemos que hacer, no quedarnos en lo enunciativo. **La inmersión total es acción**. No importa equivocarnos. Es ir por todo. Apostar por lo que queremos. Jugarnos. Dar todo. Si fallamos, no significa el fin, sino el comienzo. Tenemos que enfrentar el miedo, capitalizar aprendizajes y transformarlos en oportunidades. En definitiva, no quedarnos quietos.

CAPÍTULO 8
¡DALE, VAMOS!

> "No podemos crear un nuevo futuro aferrándonos a las emociones del pasado".
>
> Dr. Joe Dispenza

El lugar en donde realmente empecé a comprobar mi vocación con pasión y entusiasmo, fue en **el aula**. No te quiero hablar de lo lindo que es enseñar y lo feliz que me sentía dando clases, sino que es ahí cuando energéticamente comprendí por qué se acelera el **proceso de aprendizaje**. Si bien te formás y anticipás para brindar conocimiento, el propio, el investigado, el estudiado, también sucede que tu sistema nervioso se prepara para ese momento único. Y vos me dirás: "¿Qué situación, Jerónimo?" La situación de exponerte ante miles de personas que pasan por tus clases.

En este caso, mi sistema nervioso estaba capacitado para responder y jamás para evadir. Fue entonces cuando por fin comprendí que la activación de mi cerebro, mi cuerpo y mi estado emocional, era más importante que lo que tuviera para decir. Por supuesto que lo que iba a compartir es clave, pero no podría acelerar mi aprendizaje si lo que te contara no se activara antes. Fue ahí cuando entendí que **la mente creadora, basada en un propósito fundamental individual, toma las riendas de tu vida, empezando a crear oportunidades.**

Cuando estás preparado para responder, que no quiere decir saber todo, tu mente está posicionada en el ahora, tus sentidos se potencian, y estás receptivo a toda la información que sucede en ese momento y es ahí cuando creás. La **inmersión total** que producís de esta manera se da con un nivel de aceleración increíble que, en caso de no ser consciente, el cuerpo puede pasarte factura.

Lo que intento compartir con vos en este capítulo es, sin frases trilladas, que **para crear y sobre** todo para crear eso que querés, es necesario estar preparados para afrontar el presente. No en términos combativos, pero sí de manera determinante. Las personas hemos aprendido, especialmente en las generaciones pasadas, que para lograr algo, primero hay que trabajar duro y luego obtendríamos aquello tan ansiado. Hoy te digo, desde mi propia experiencia -que coincide con dos de los entrevistados para este libro que tienen mentalidad creadora-, que el trabajo duro se hace mientras te reconocés en el presente.

Estar receptivo desde todos mis sentidos, me permitió -y lo sigue haciendo-, darle las respuestas que los estudiantes buscan en mis cursos y programas, de una manera única, clara y eficaz. La mente de creación se basa en preparar previamente la información que nuestro subconsciente ejecutará de forma automática. Pasa algo mágico, pero al preparar tu sistema nervioso para responder, la información de tu mente te apoyará sin dudas y sin que tengas que controlar nada.

Quizás te suene extraño, pero aprendí que podemos alinear los hemisferios del cerebro, y hacer que nuestra mente consciente y subconsciente, se comuniquen a la perfección para crear. Yo estoy convencido, y lo aseguro luego de años de trabajo personal en este campo, que logré potenciar la información que deseo que mi mente subconsciente alinee con mi mente consciente. Todo esto gracias a un gran trabajo propio, con el poder de la intención y la reprogramación de creencias.

En este sentido, comparto la recomendación que hace Grace Hussain, canalizadora y creadora, además de amiga desde hace muchos años: hay que poner la atención en lo que hacés, aquello que es primordial, no hay espacio para las distracciones.

Grace aborda el significado y el alcance del trabajo en el autoconocimiento, el mayor esfuerzo que debemos hacer, y que el miedo a ser quien sos es una de las interferencias más fuertes. Por eso, asegura que es muy importante "confiar en tu propia intuición, que te lleva por el camino correcto, más allá de que no signifique lo más fácil. La predisposición para realizar lo que querés hacer, va a permitir que tu energía fluya mucho mejor".

Durante mucho tiempo, me encontré con esta frase: "El mundo no te recompensará por lo que sabés, sino por lo que hacés". La mayoría de las personas nos enredamos y detenemos en analizar, hacer planes y organizar cada paso, cuando en realidad, lo realmente necesario es que pasemos a la acción. Hasta que no comprendí que debía tomar decisiones y acciones coherentes en consecuencia, no entendí esta frase.

En el momento en que pasás a la acción, no solo vas experimentando, sino que tus sentidos absorben toneladas de información que tu cerebro va a codificar, empezás a aprender cosas que ningún libro ni otras personas pueden enseñarte. Comenzás a recibir opiniones sobre cómo hacer mejor las cosas, a tener mejor performance y de forma más ágil. Empiezan a aparecer situaciones y personas que son positivamente funcionales a lo que querés y hasta sucede que, muchas personas, ven en vos lo que ellas mismas desean. Es aquí donde la verdadera inspiración aparece.

Por mi forma de ser, cuando descubrí todo esto, no quería quedarme solo con el entendimiento de que hacerlo era estar motivado, o que solo se trata de una superación personal. Es fantástico estar motivado, es genial superarse a sí mismo, pero yo quería entender en profundidad cómo era esto que estaba vivenciando. En ese momento, me puse a investigar muchísimo y fui descubriendo autores, técnicas y disciplinas que ni sabía que existían. Por supuesto que el confiar en uno mismo es la clave, creer que te merecés lo mejor para vos también lo es y, por eso, fue que llegué al descubrimiento de que **acelero el aprendizaje mientras hago** porque, al estar conectado con mi pasión y hacer, mi cerebro recibe siempre información nueva y a una vibración mayor de la que ya posee.

En definitiva, se trata de **una energía nueva, potenciadora**. Resulta que, como todo lo nuevo es desconocido, como estoy haciendo lo que realmente quiero, creo una realidad totalmente alineada a mi sentir y es ahí que, con nuestros sentidos, estamos presentes creando sin parar. Por supuesto que, si hay dudas propias, confusión o miedo, también vas a crear eso. Por eso, **creyendo realmente en vos y siendo determinante en las acciones que emprendas en base a lo que querés, lo que experimentarás será fantástico.**

Uno de los **efectos** más beneficiosos y extraordinarios es que **empezás a crear un impulso, una vibración**

más elevada, es una **energía que crea oportunidades**, hace aparecer a la gente indicada y sobre todo más recursos que contribuyen con tu causa y generan más beneficios. Por supuesto, animarte a emprender una nueva iniciativa o un proyecto también significa que debés estar dispuesto a empezar sin ver necesariamente todo desde el principio. Indudablemente, debés tener una visión clara, pero debemos estar dispuestos a ver cómo se va desarrollando nuestra experiencia en el hacer, en el andar, generando aquello que nos proponemos.

Generalmente, las personas tenemos sueños, deseos y ambiciones, pero como no sabemos o visualizamos de qué manera lo podemos conseguir, nos paralizamos. Nos da miedo empezar, temor a comprometernos y, sobre todo, desconfianza a perder lo que tenemos, aunque no nos guste. Creo que ahí radica una de las más grandes frustraciones.

> Predisponerte supone estar dispuesto a explorar, descubrir cosas nuevas en la incertidumbre de lo desconocido, con la confianza plena de que encontrarás lo que querés; mejor dicho, desarrollarás lo que deseas.

Solo debemos empezar, acelerar nuestro proceso en el hacer, como yo lo hice en el aula gracias a mis cursos; y así, experimentar lo imaginado o incluso, algo mejor.

Algunas personas están dispuestas a hacer lo que sea necesario para evitar esa sensación incómoda que genera el miedo, aceptan incluso aquello que no quieren, no dicen basta cuando están sobrepasadas o inclusive no muestran su enojo cuando se han metido con ellas.

La mayoría de las cosas buenas implican riesgos y, un riesgo, por definición, significa que tal vez algo no salga como lo esperamos. Pero no te hablo de una distracción que genera una experiencia incómoda, te hablo de asumir eso que estás sintiendo que necesita ser experimentado en tu vida.

Te comparto algunos ejemplos que, si bien se pueden interpretar como riesgos, no son más que manifestaciones desde el miedo:

- Si estás con conflictos con tu pareja, tomar riesgo es tener una conversación profunda en donde expreses tu sentir, escuchar y ser escuchados o decir hasta acá. No es otra cosa.
- Si estás con deseos de hacer un verdadero cambio en tu vida profesional, tomar riesgos es trabajar con vos, descubrir tu pasión, asumir lo que te pasa y tomar decisiones de cambio alineadas con esa pasión. No es cambiar de trabajo o tal vez… sí.

Estas son solo algunas situaciones, las más recurrentes, que la mayoría de mis alumnos expresó en mis cursos. **Lo más importante acá es que no te importe tener que pagar el precio por lo que realmente te hace feliz.**

Si te ponés a investigar, detrás de cada gran logro, historia de éxito o cambio extraordinario, hay una historia de educación, formación, disciplina, determinación, compromiso y voluntad. Sobre todo, voluntad. **Hay que estar dispuestos a pagar el precio,** cuántas veces habremos escuchado decir: **"El que no arriesga, no gana".** Puede sonar incómodo o extraño, pero es un principio fundamental. "Pagar el precio" a lo mejor consiste en dejar de hacer muchas actividades que venías haciendo, para cuidar tu energía que es la que necesitás para tener un compromiso profundo con lo que querés. O quizás tenga que ver con estar dispuesto a renunciar a esa "seguridad" mensual de un trabajo en relación de dependencia, si es que estás queriendo lanzarte al mundo emprendedor e independiente o, porque no, aceptar que te digan de todo, menos linda o lindo, porque dijiste no va más.

> La incomodidad es temporal, porque el compromiso y la determinación sobre lo que querés traen consigo logros que perduran para siempre.

Entonces, si verdaderamente querés acelerar tu aprendizaje en vías de lo que deseás, vas a tener que terminar con las negaciones y enfrentarte a lo que no va más en tu vida. **Debemos afrontar lo que no funciona, asumirlo y transformarlo.** Todo sucede en la acción, en la práctica, en los hechos. No basta con desearlo, no podemos quedarnos en nuestra cabeza. Si solo nos quedamos allí, estamos muertos en vida, generando lo contrario a la paz mental.

Enfrentarse a lo que ya no queremos significa tener que hacer algo incómodo, que al hacerlo no solo nos traerá paz, sino que acelerará nuestro aprendizaje. Desafiar una situación molesta, supone que tal vez debas tener una mayor disciplina con vos, afrontar a alguien, arriesgarte a caer mal a alguien, exigir respeto, decir hasta acá, bancarte el rechazo de otro, etc.

En palabras de Martín Alaimo, emprendedor y asesor comercial: "cuando registramos lo que nos mueve, somos conscientes de eso, es menos doloroso dejar aquello que no tiene que ver con nosotros".

Martín se define como "obsesivamente curioso". Él, siempre, desde chiquito, buscó experiencias nuevas y distintas, su búsqueda es hasta el final, le dedica tiempo, creatividad y perseverancia. **Lo primordial es tener un "¿para qué?"**. Por eso, recomienda enérgicamente:

"encontrar qué te mueve, ese 'para qué' fundamental. Lo principal es **tener un propósito bien definido**". En este sentido, destaca lo importante que es **rescatar los eventos que considerás que te marcaron, que te definen, y buscar los patrones o temáticas que se repiten**. Las cosas que tienen valor son las cosas que nos inspiran, nos atraen, nos enamoran", concluye.

Si el miedo a lo que puede pasar es lo que te impide tomar acción, fijate cuántas veces no hiciste y seguís estando en el lugar donde no querés. Por eso, te invito a que hagas, aunque mínimamente sea para decir "no me salió" y después me contás. ¡Dale, vamos!

CAPÍTULO 9
CASI COMO PERDER CON ARABIA EL PRIMER PARTIDO DEL MUNDIAL

> "No existen recetas mágicas. Se hace, se entrena y se mejora."
>
> Jerónimo Ciapparelli

Generalmente, cuento que nadie te enseña cómo es la vida luego del nacimiento de tus hijos, y todo lo que ello conlleva mientras querés desarrollarte en otros ámbitos también. Solo es tener intención positiva, amor y elegirlo. No hay nada más lindo. De esa manera, vas a estar preparado para todo. Por lo menos, así lo creo yo. Esta forma de percibir la vida también aplica para todo lo que hagas, sobre todo cuando desarrolles una mentalidad de creador. Una vez que comprendas que esta mentalidad observa todo lo que sucede como información para transformar, vas a estar preparado para progresar en lo que te propongas.

Dicho esto, agrego que desarrollar esta mentalidad implica que adoptes un registro bien claro de tus emociones. Es decir, cómo gestionas tus emociones. Es fundamental, porque, ¿sabés qué?, ellas están ahí para avisarnos algo, para darnos información. La mentalidad de creador no es solo mental (razonamiento), también implica emociones.

Como me gusta decirlo a mí: "en mi otra vida", cuando trabajaba en relación de dependencia, tenía que gestionar mis emociones en relación al crecimiento, reconocimiento, cambios de puestos, mayor salario, etc., pero me voy a referir a mi "actual vida", la independiente, la que en 2024 cumplió doce años. Como te comenté en los primeros capítulos, comencé esta nueva profesión desde cero con mucha pasión, convicción y compromiso, sin un plan, pero con objetivos clarísimos. Esa hambre con la cual empecé, fue todo. Recuerdo que formé una sociedad con un colega, había sido mentor mío previamente, y solo por convicción, empezamos. Yo me sentía muy "chiquito" al lado de alguien que era buenísimo como mentor. Yo invalidaba (sin saberlo) mi experiencia pasada, la corporativa, como si fuera algo que ya no servía. Con esa convicción y esa hambre, ganamos nuestro primer cliente en Cañada de Gómez, que fue una fábrica de muebles de diseño. Me levantaba a las tres de la mañana, manejaba cuatro horas, lo buscaba a mi colega que vivía en Rosario, seguíamos hasta Cañada de Gómez, brindaba mi servicio, y me volvía a la noche. Iba a pérdida, pero estaba feliz de haber comenzado.

Realicé esto durante unos meses, y a la vez que sentía alegría y entusiasmo, también existía un sentimiento que no me dejaba en paz, no estaba satisfecho del todo, para describirlo de alguna manera. Había algo que no andaba bien, no podía comprenderlo del todo hasta que me di cuenta, después de un tiempo, de que sí sabía. Estaba tan entusiasmado por lo nuevo y la aventura de lo que iba construyendo que, sin saberlo, le había dado toda la autoridad a mi colega, invalidándome totalmente a mí. Eso significa que, durante los comienzos de esta sociedad, yo invalidaba lo que sentía porque "seguro no sabía" o "acá el que sabe es el otro". Con esto no estoy diciendo que no me encontraba en un terreno de aprendizaje, por supuesto que sí, pero, yo estaba en modo alumno dándole autoridad a alguien sin haber evaluado, ni siquiera, haberle preguntado nada sobre si sabía algo de esto. Cuando digo "esto", me refiero a poner el culo en la silla, hacer llamados, mandar emails, mensajes directos por redes sociales (Linkedin), hacer seguimiento, intentar hacer un *forecast* de ventas, etc. Nada de eso ocurría. Pero claro, en ese momento confundía mi estado emocional con lo que pensaba que debíamos hacer, con esa autoridad que había brindado a mi socio. Fue un momento difícil para mí, dado que comenzaba un proyecto de vida nuevo ligado a una nueva profesión, y me estaba sintiendo frustradísimo.

ASÍ ME VEÍA YO ANTE MI COLEGA

Esta anécdota que te comparto, me sirve para contarte que tuve que aprender, dentro del terreno de aprendizaje, a tener lo que hoy llamo "conversaciones difíciles". Tenía miedo de entablar esta conversación. Cómo le iba a decir a alguien a quien admiraba como entrenador que la cosa no funcionaba. Me sentía chiquito (no me valoraba) y tenía pánico de tener esa charla. Con ayuda, con actitud positiva en base a lo que quería desarrollar, fui decodificando lo que me pasaba. Comprendí que le estaba exigiendo a mi socio que sea de una manera distinta o, mejor dicho, le estaba exigiendo que haga lo que yo consideraba y reparara mi mala decisión de asociarse sin saber quién era él y qué quería hacer con una sociedad, cuando en realidad, el que se debía hacer cargo de ello, era yo mismo. Fue en ese momento que pasé de invalidarme a valorarme, en un terreno de aprendizaje constante. Siempre voy a estar agradecido a mi socio, por reflejarme esto. Por supuesto que existieron algunas broncas y malestares en ese momento, pero ver esa situación para transformar mi realidad fue clave y, como dije, agradezco haber desarrollado la mentalidad adecuada para transformar la realidad.

El uso de mi bagaje del pasado, de cuando trabajaba en relación de dependencia, para utilizarlo en ese momento, en mi nueva profesión, también tenía que ver con quién yo era. Por supuesto que no quería ser el mismo que antes, pero sí comprender que ya había cambiado y que podía utilizar cosas que sí me habían servido y sentía que eran de valor, y podían ayudarme en esta nueva etapa.

Empezaba un terreno desconocido, pero más acorde a lo que sentía que debía ser. Ese sentimiento de certeza en cuanto al camino, me hizo sentir más fuerza que nunca y me permitió desarrollar a un nivel acelerado la mentalidad de creador. Claro, todo era nuevo, existían miedos y ansiedades, pero también, coraje y confianza. Entendí, en ese momento, tanto como lo entiendo hoy, que debía profundizar mucho en aprender cómo regular mis emociones. Sí, te digo regular, porque todas las emociones que te vengo contando existen, pero debía regularlas para darles el significado adecuado y no que me paralizaran o me hicieran tomar decisiones solo desde el entusiasmo del momento.

En ese sentido, lo que me enseñaron en aquella experiencia, y aprendí sobre la regulación, fue que:

1. Debía tener compasión conmigo mismo en mi desarrollo, así como lo tenía con los demás.
2. Debía resignificar el pasado, o por lo menos, aquellas situaciones por las cuales yo expresaba queja, inconformismo, bronca, etc. y sentía que seguían presentes por lo menos en mis palabras diarias.
3. Debía comprender cómo otras personas hicieron algún cambio, acción similar o lo mismo que yo deseaba, e inducir esas formas de hacer las cosas para generar un estado emocional que me impulsara a hacer con muchas ganas, y me ayudara a no distraerme y desenfocarme durante el proceso.

4. Debemos entender el momento de la vida que estamos viviendo, para no asfixiarnos con exigencia y entender el motivo de nuestra energía.

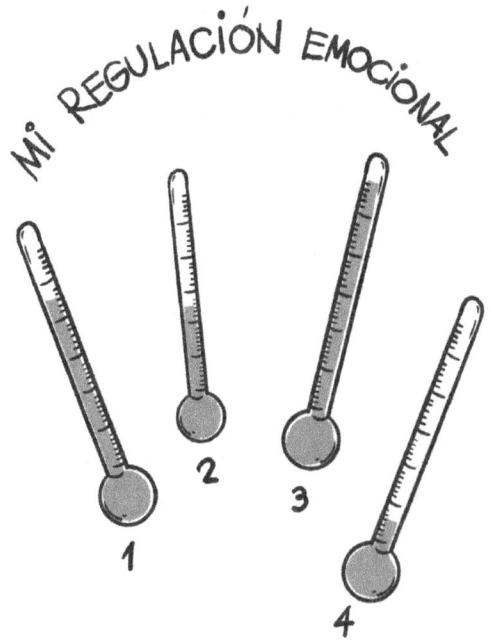

Dicen que las personas que somos de virgo, somos de predisposición nerviosa, que buscamos continuamente la perfección y que nos estresamos con facilidad. Cada vez que me encontraba con dichos como estos, me decía a mí mismo: "Nada que ver", pero te aseguro que, si les preguntás a los que me conocen, te van a decir: "¡Claro que sí", ja, ja, ja.

Dado este tipo de personalidad que, finalmente, tengo que aceptar que es así, aprender a regular las emociones sería de gran ayuda para mí. Está claro, y lo quiero dejar explícito en este capítulo, que saber regular emociones no implica que todo el tiempo puedas hacerlo pero, a mayor consciencia, mayor dominio. Y tener mayor dominio me permitió -y lo sigue haciendo-, sentir mayor libertad.

La resignificación del pasado me permitió cambiar la interpretación de lo que sentía para volverlo mucho más aceptable. Un ejemplo que me gustaría contarte es la propia escritura de este libro. Comencé a pensarlo y a hacer entrevistas en el año 2018, y durante el 2019 empecé a escribirlo. Sentía entusiasmo, mucho entusiasmo por mi progreso escribiendo. Había encontrado un momento especial para escribir todas las semanas mientras llevaba a mi hijo a natación. Pero llegó la pandemia y, con ella, la cuarentena. Comprender lo que pasaba, la incertidumbre, entender cómo podía adaptar mi trabajo a lo nuevo, el foco en mis hijos y el colegio y también, una separación. Mucho movimiento al mismo tiempo, primera mudanza, experimentación de una vida nueva, adaptación y segunda mudanza a un lugar un poco más grande. En todo ese tiempo, había perdido ese espacio particular para la escritura y en mi diálogo interno existía algo de "castigo" por tener la sensación de haberlo dejado de lado. Todo eso basado, en una falsa creencia de arrancar con entusiasmo algo y perder el interés luego. En este sentido, y luego de estar más organizado en mi nueva vida, volví a conectarme con el significado que tiene para mí este libro. Y, gracias a la regulación emocional, pude resignificar esos tres años sin siquiera volver a leer lo que escribí. Comprendí que en esos tiempos debía explorar una nueva etapa de mi vida, trabajar mucho más en mí, y aprender a disfrutar de lo nuevo. Así también conocí a Agustina, una hermosa mujer con la cual conectamos enseguida y juntos construimos una relación inimaginable de la cual me siento agradecido y feliz. Como te decía, todo esto que te cuento, me permitió resignificar el pasado para comprender que el momento que vivía, requería otras cosas de mí. Al comprender esto, la exigencia llegó a su punto mínimo o pude moldearla muy bien, la fuerza volvió y el entusiasmo por mi deseo de escribir y lanzar mi libro se apoderó nuevamente de mí.

¿Qué hubiese pasado si la derrota con Arabia, en el primer partido del Mundial Qatar 2022, hubiese hundido emocionalmente a los jugadores y cuerpo técnico? ¿Qué hubiese pasado si, gracias a esa derrota, hubieran creído que ya no podían con el Mundial, en lugar de entenderlo solo como un resultado de un partido?

El objetivo de esto que te comento, no es convertirnos en máquinas de la regulación emocional, sino que seamos compasivos con nosotros mismos, comprendiendo el momento que vivimos en el presente para que, si hay algo del pasado que nos condiciona, o existe una situación "traumática", como perder el primer partido del Mundial, podamos resignificarlo y retomar con ilusión aquello que tanto queremos para nuestras vidas.

CAPÍTULO 10
EL CAMINO DE LO INCIERTO

> *"En estos tiempos, elegir implica seleccionar conscientemente nuestros pensamientos".*
>
> Jerónimo Ciapparelli

Este capítulo final está dedicado a aquellas personas valientes que han decidido liberarse de las "cadenas" de todo lo que les genera dependencia, sobre todo, emocional, logrando así explorar el ilimitado territorio de sus propias elecciones.

En el vasto universo de posibilidades que la vida nos ofrece, considero que hay un poder interno que es transformador y que reside en la elección consciente. Existe una frase que me gusta mucho, también me parece medio trillada pero me gusta, al fin y al cabo, que dice que al tomar decisiones, nos convertimos en arquitectos de nuestro destino, forjando un camino único y auténtico.

Imaginate un día en el que decidís liberarte de aquello que te hace sentir estancado, frenado, como quieras decirle. Esa sensación de "no libre", de aquello que ya se sentía demasiado forzado. Decidiste, con mucho coraje, compromiso con vos y también, con un kit de emociones (ansiedad, miedo, pasión, confianza, desesperación, paciencia y alegría, entre otras) iniciar un nuevo camino o, como le digo yo, una nueva vida hacia la independencia. Claro está que esto significa desafiar las expectativas propias y las de los que te siguen, abrazando -para ser muy diplomático con las palabras-, la incertidumbre como tu aliada y también, en algunos momentos, como tu única posibilidad. Como comenté en otros capítulos sobre distintas experiencias propias, este es el primer paso hacia la transformación total. Elegir liberarte del conformismo.

La mentalidad de creador, la que crea oportunidades con la información que va codificando de las situaciones que nos da la vida. Por supuesto, como todo, implica emociones.

Mientras estás en esta búsqueda de independencia y de libertad, te darás cuenta de que tus habilidades (las existentes y también las nuevas) se van a perfeccionar a un nivel que te sorprenderá muchísimo. Crecer es una constante, no lo podés evitar, sobre todo, si estás en el mundo independiente. Es la clave para afrontar nuevos desafíos en un mundo tan dinámico. Ya sabés que en lugar de temerle al cambio y paralizarte, te vas a meter de cabeza en lo desconocido para crear y descubrir oportunidades de crecimiento.

Unos días previos a escribir este capítulo, salía del ascensor de un edificio donde trabajo con algunos de mis mejores clientes, y en la planta baja me encontré con un compañero de mis años corporativos. Era tal la buena energía entre nosotros que cuando nos vimos, fue como si no hubiesen pasado doce años. Nos dimos un fuerte abrazo y empezamos a hablar. En eso, se acercó otro compañero de esas épocas con el cual pudimos continuar nuestra relación después de esa etapa, y empezamos a conversar los tres de unos personajes que estaban disfrazados, que eran parte de una celebración que sucedía en el edificio.

Algo pasaba, y no tenía que ver con los doce años de no vernos con uno de ellos. Había algo más. Entonces, el que vino último, se despidió de mí y luego de la otra persona dándole un abrazo afectuoso. Nos quedamos un rato más hablando y de repente me dijo: "Me acaban de echar. Luego de diecisiete años, me va a venir bien, ya hace rato sentía que algo tenía que cambiar". Continuamos hablando y yo, luego de escuchar sus palabras y percibir su energía, tenía una mezcla de sentimientos.

Quería decirle "qué oportunidad inmensa de cambio y crecimiento tenés", con toda buena intención y, a su vez, no sabía bien si estaba preparado para escuchar eso en ese momento. Por lo que continuamos hablando sobre cómo lo había tomado, si se lo esperaba y también me ofrecí a conversar cuando lo considerara, si era que así lo quería, para contarle un poco lo que fui descubriendo en el camino de lo incierto.

Con esta pequeña anécdota, me surge hablarte de la elección consciente o, mejor dicho, la elección del camino por convicción y no por la oferta. Esto significa, por lo menos para mí, que existe un poder infinito a la hora de elegir por convicción. Aquello que elegís por convicción, sea lo que sea, como en tantos ejemplos que vimos en este libro, hará que tengas una disposición al aprendizaje constante. En cualquier situación, siempre dispuesto a aprender de lo que sucede, y siempre asumiendo la responsabilidad total de tus elecciones. En este sentido, si existe temor a equivocarte o a que tu expectativa no se cumpla ni en tiempo ni en forma a la hora de decidir, vas a comprender los motivos y vas a obtener información para hacerlo mejor la próxima o, en su defecto, elegir no hacerlo de nuevo dado que te diste cuenta que aquello no tiene que ver más con vos.

En este sentido, y volviendo al ejemplo en el edificio, hubo una frase que fue determinante para mí en la conversación con mi compañero. Me dijo lo siguiente: "Si hubiera decidido hace unos años, cuando sentía que quería algo distinto, hoy no me pasaría esto que siento". Esta frase la escuché muchas veces, en este caso del ejemplo, también con amigos, con compañeros de trabajo y con muchas personas con las que trabajé en forma personal y grupal.

Esto me hace pensar en algunas cuestiones. La primera es que, por cualquier motivo que haya sido, miedo, culpa o lo que sea, vos podés resignificar el pasado, como hablamos en el capítulo anterior, y no seguir castigándote o culpándote por lo que no hiciste y sentiste en ese momento. Por ejemplo, si querías cambiar pero decidiste quedarte en un lugar porque tenías hijos y te dio miedo no poder mantenerlos; también, si tenías miedo de no asumir todas tus obligaciones financieras... no pasa nada, no te culpes más. Lo que sí quiero decirte es que, si decidiste eso y ahora, después de un tiempo, te reprochás a vos mismo diciendo: "Ojalá lo hubiera hecho", te invito a que lo resignifiques, porque aquello que decidiste, aunque sea por miedo, habla muy bien de vos. No te culpes por aquello, no culpes a los demás por lo que hiciste por ellos, cuando quisiste hacer otra cosa. Resignificalo. Hoy, si seguís con el deseo de cambiar, también podés hacerlo desde quien sos hoy, no desde quien fuiste.

Soy consciente de que atravesamos distintas etapas en nuestras vidas. Tal vez hoy, mientras estás leyendo, estés en una etapa distinta de tu vida y sientas que en otra deberías haber hecho un cambio. Vuelvo a decirte: resignificá eso. Estés en la etapa que estés podés, darle forma a tu deseo y vivirlo.

La segunda cuestión en la que pienso es la importancia de animarse a expresar, registrar y actuar en congruencia con ese sentimiento: "siento la necesidad de cambiar", "merezco algo diferente a esto", "esto no es lo que quiero". Todos esos sentimientos, a modo de ejemplo, deberían tener un registro consciente en vos para luego elegir y decidir qué hacer en pos de él. Es verdad que si no hacés nada también elegís pero, si tenés miedo de dar un paso importante que requiere una decisión de cambio en tu vida y por ese miedo no actuás, ¿sería elegir? Sí, pero no consciente. Anestesiás emocionalmente aquello que querés, pensando que no podrás afrontar lo que podría pasar y encontrás justificaciones internas que te convencen de que está bien lo que hacés. Luego, durante el correr del tiempo, aparecen algunas "señales" que te conectan con aquello y lo expresas como: "si yo hubiera hecho…".

Es por eso que te insto a que elijas con sabiduría, con pasión por lo que deseás y sentís, y con la certeza plena de que cada decisión que tomes tendrá que ver con el camino que es para vos. No se trata solo de elecciones, se trata de elecciones alineadas y en perfecta armonía con tus valores más profundos. Eso tiene que ver con la autenticidad, que te va a guiar en este mundo tan dinámico, complejo y repleto de oportunidades para descubrir y crear.

Elegir no solo es un acto, sino un compromiso con vos y es de todos los días, aunque no lo parezca, dado que habrá momentos de confusión, miedo, y también vendrán nuevas etapas en tu vida. Es por eso que, elegir conscientemente, implica explorar tu verdadero yo interno. En este camino, el elegir te va a unir a la resiliencia, aquella que aparece para mostrarte que las caídas más duras por elección consciente, tienen una recuperación de muchísima más fortaleza y sabiduría interior.

Acá nuevamente aparece la mentalidad de creador, en donde la resiliencia te va a mostrar la capacidad de transformar la adversidad, lo difícil en oportunidad y en cambio concreto.

Te convertís en un faro de posibilidades, mostrando a aquellos que te rodean que la libertad de elegir la poseemos todos. Y aunque te cueste mirarte, creer en vos, a veces, eso que vos hacés salpica, conecta e inspira.

Por último, quiero decirte que, ser independiente no es un destino, sino un proceso de evolución continua. A medida que avanzás en tu camino, te das cuenta de que la verdadera maestría está en entregarte a la constante evolución. Estás ahí, constantemente comprometido en desafiar tus propias limitaciones, dándolo todo para ser mejor.

En conclusión, elegir con consciencia no solo es una herramienta para crear tu propia realidad, sino un camino hacia una vida con significado y crecimiento constante. Al elegir cada vez más auténticamente, te convertís en aquello que imaginaste alguna vez. Tal vez había otra expectativa de cómo sucedería, pero agarrate fuerte, porque en verdad sucede.

EPÍLOGO

Con este libro tuve la intención de brindarte información sobre mí, pero también, contarte y mostrarte experiencias propias y ajenas para que puedas reflejarte en ellas, o al menos, cuestionarte si te están pasando las mismas cosas. Después de haber escrito varios capítulos, muchos movimientos internos y nuevas experiencias llegaron a mi vida y dejé de escribir. No me podía concentrar, no pude escribir más. En ese tiempo de alejamiento de este deseo, había una vocecita interna en mí que se contaba que había empezado, pero que no iba a terminar lo que había dicho. No me pareció tan extraño, porque en varias ocasiones de mi vida había comenzado algo y no lo había terminado, prestándole atención a esa voz.

Como te conté en el libro, esta vez y gracias a la regulación emocional, charlas con amigos, con mi pareja y animándome a expresar mucho mejor mis sentimientos, es que logré resignificar ese momento de no escritura. Logré recuperar fuerza, redescubrir si tenía ganas de terminar el libro, lanzarlo y, sobre todo, mostrarme desde un lugar nuevo y llegar al lector con lo que sea que estas páginas le generen.

La mentalidad de creador es aquella que se va logrando cuando te animás a escucharte, la que te dice "hacelo", sin saber lo que hay más allá, aquella que recibe información y la transforma en un sinfín de experiencias poderosas para crecer y la que entiende que hay heridas que curar durante el camino y, a su vez, también hará tu vida más expansiva y abundante.

No fue fácil el recorrido para llegar a terminar este libro, pero te aseguro que el proceso me trajo una satisfacción personal inigualable. Es mi deseo que esa satisfacción personal inigualable sea el propósito de este libro para vos. Que la puedas sentir, atreviéndote a ir por lo que querés, entendiendo el momento de la vida en la que estás y sabiendo que el recorrido, si es con corazón, tiene consecuencias maravillosas.

Un gran abrazo,
Jerónimo.

Se terminó de Imprimir en los Talleres Gráficos Libella
en el mes de marzo de 2024

www.ingramcontent.com/pod-product-compliance
Lightning Source LLC
Chambersburg PA
CBHW050108230526
45470CB00004B/1727